GUÍA DE BOLSILLO
para dibujar
MANGA

CARAS, EMOCIONES y OJOS BRILLANTES

CHIANA

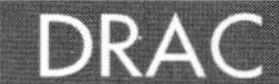
DRAC

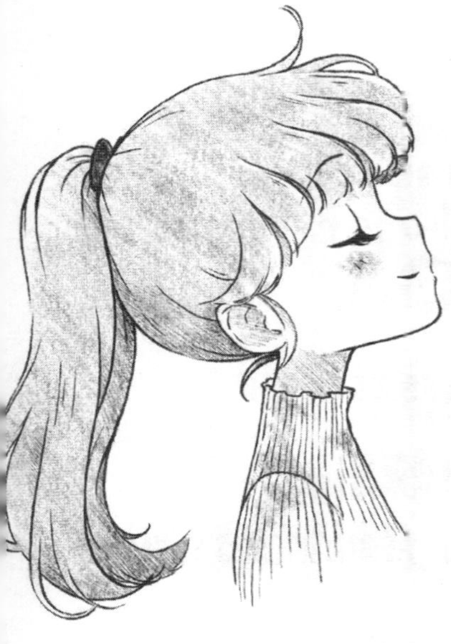

CONCEPTOS BÁSICOS DE DIBUJO

9 VISTA FRONTAL

12 PERFIL

15 MEDIO PERFIL

18 DIFERENCIAS DE GÉNERO

20 DIFERENCIAS DE EDAD

22 PELO

23 PEINADOS

24 OJOS

26 NARIZ

28 OREJAS

30 BOCA

32 EMOCIONES

EJEMPLOS E INSPIRACIÓN

107 ESTUDIOS DE DIBUJOS

108 OJOS

114 ÁNGULO DE LA CABEZA

116 PERSONAJES

122 LENGUAJE CORPORAL

INSTRUCCIONES PASO A PASO

65 RESUMEN

66 CHICA FELIZ

73 MALAS NOTICIAS

80 ¡SORPRESA!

87 VENGANZA

94 ¡BAH!

101 IMAGEN DE PORTADA

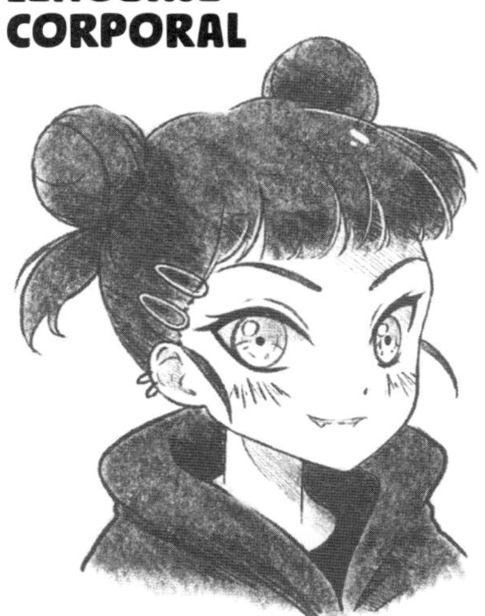

PRÓLOGO

¡Hola, soy Chiana! En este libro vas a aprender todo lo que hay que saber sobre las **CARAS**, las **EMOCIONES** y las **IMÁGENES** típicas del manga, como los ojos brillantes. Es el punto de partida perfecto para empezar a dibujar manga, porque poco a poco irás conociendo todos los contenidos.

Este libro está estructurado como un cómic clásico de manga japonés: se puede ver no solo en el tamaño, sino también en la dirección de lectura de derecha a izquierda, y en el hecho ser en blanco y negro. Por lo tanto, encajará a la perfección en tu colección de manga.

Además de una breve introducción sobre los materiales, este libro incluye tres capítulos. En el primero aprenderás los **CONCEPTOS BÁSICOS DE DIBUJO** a partir de las caras de manga. En el segundo capítulo encontrarás seis **INSTRUCCIONES PASO A PASO** para seguir. Por último, la tercera parte incluye una pequeña colección de **EJEMPLOS E INSPIRACIÓN** a los que siempre puedes volver como referencia.

Espero que te diviertas mucho con este libro. *Chiana*

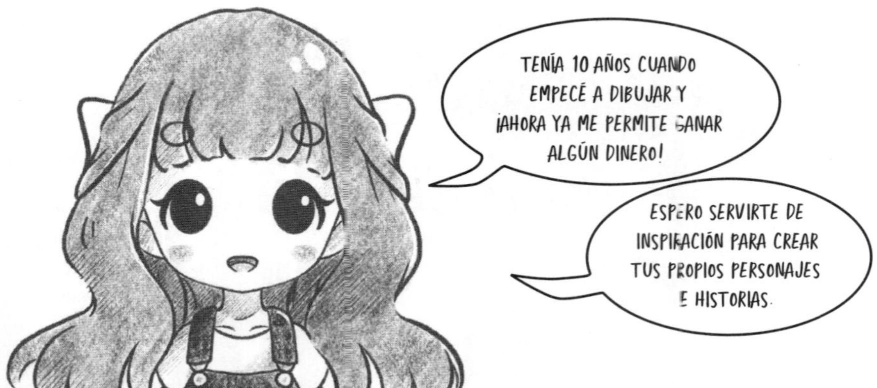

MATERIALES

Como este libro trata fundamentalmente de cómo dibujar personajes en blanco y negro, no hace falta mucho material de dibujo: basta con un lápiz, una goma de borrar, una hoja de papel y, si acaso, una regla o un transportador. A continuación, te doy algunos consejos que debes tener en cuenta a la hora de elegir material, especialmente si quieres probar algún otro.

LÁPIZ

Básicamente, te sirve cualquier lápiz que tengas ya en casa. Sin embargo, los lápices HB o B son los más adecuados. Los portaminas también son muy prácticos, porque no hace falta afilarlos. En general, al dibujar, procura no apretar demasiado, para poder borrar luego las líneas que sobren.

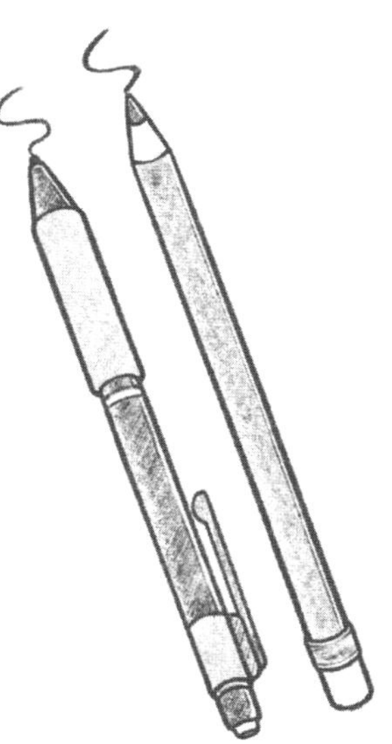

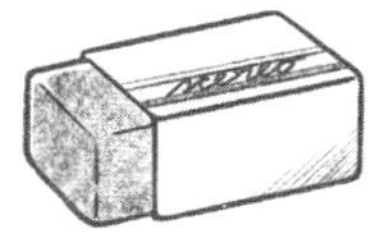

GOMA DE BORRAR

Como no todos los trazos quedan bien a la primera, resulta muy útil tener a mano una goma. No debe ser demasiado dura, para que el papel no se dañe al borrar. Para los detalles resultan muy prácticos los lápices borradores: son como lápices, solo que la mina es una goma de borrar.

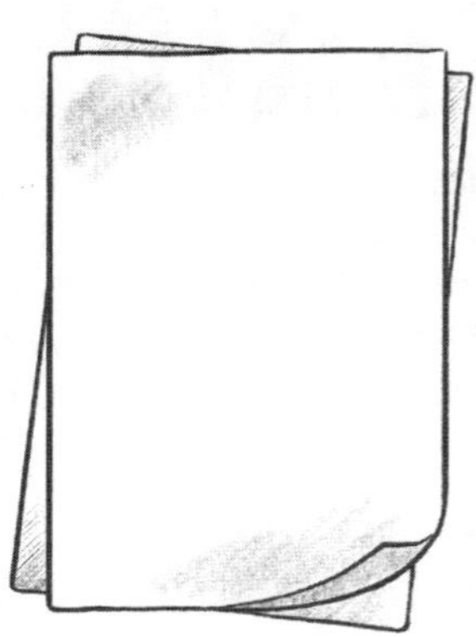

PAPEL

El papel normal de fotocopias va bien para dibujar. Para los dibujos que quieras elaborar un poco más, puedes escoger papel un poco más grueso y liso: te será más cómodo, ya que facilita el trazo de las líneas a lápiz.

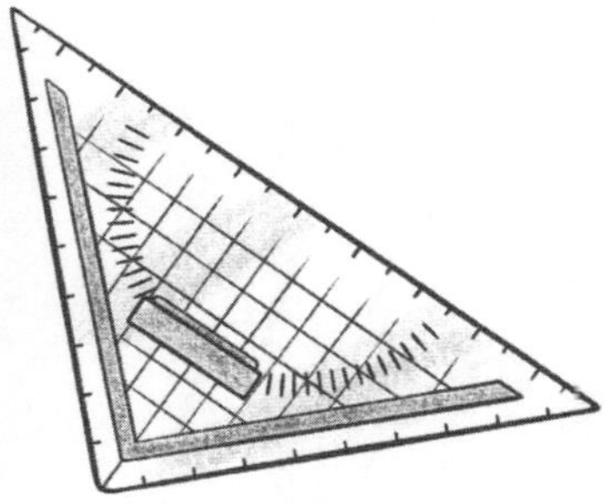

REGLA/TRANSPORTADOR

Para trazar guías puedes usar una regla o un transportador de ángulos; también para medir distancias. Si no tienes uno a mano, puedes usar el borde de un libro u otro objeto recto.

ROTULADOR CALIBRADO

Si quieres, puedes repasar el contorno de tus bocetos con un rotulador fino. Lo ideal es que sea resistente al agua y no manche. Prueba con diferentes colores. Los contornos marrones, por ejemplo, quedan fenomenal.

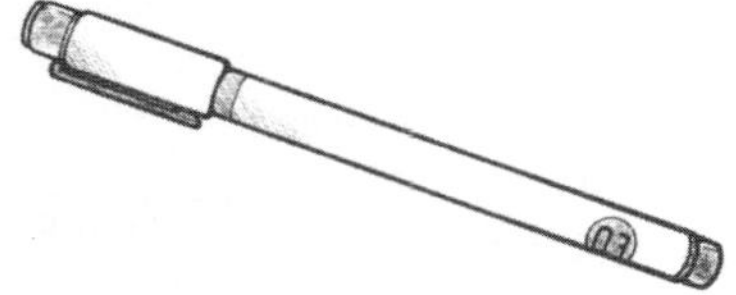

MÁS COLORES

En general, en cuanto a pinturas puedes usar lo que quieras: los rotuladores con base de alcohol o las acuarelas, por ejemplo, son muy populares entre muchos artistas. Lo mejor es obtener consejos sobre materiales de arte y probar diferentes materiales para así averiguar cuál es el que mejor te va.

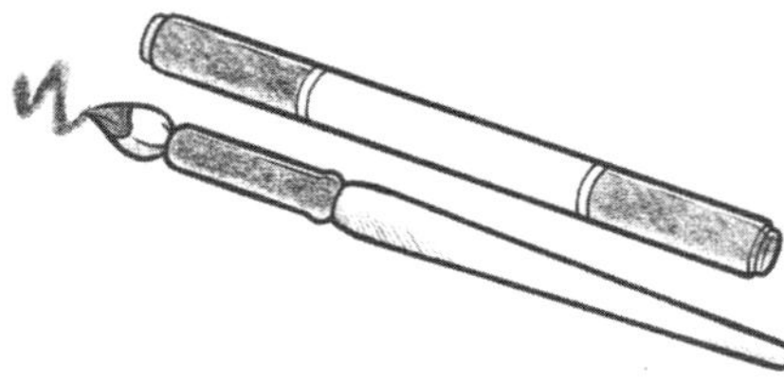

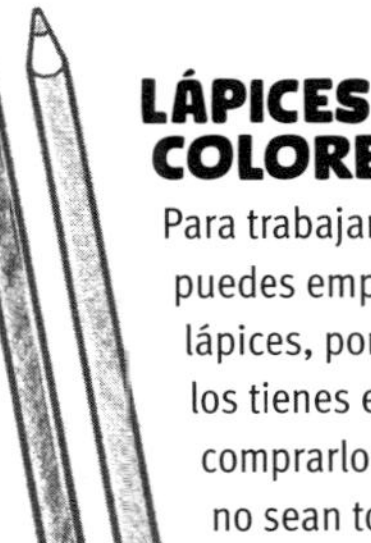

LÁPICES DE COLORES

Para trabajar con colores puedes empezar por usar lápices, porque seguro que ya los tienes en casa. Si vas a comprarlos, lo mejor es que no sean tonos apagados, sino bien luminosos.

DIBUJO DIGITAL

Para el dibujo digital hace falta una tableta con un lápiz óptico que puedas conectar al ordenador o usar sin conexión. Además, necesitarás un software de dibujo. El dibujo digital ofrece algunas ventajas, como la función de deshacer, pero requiere algunos conocimientos y práctica para poder manejarlo correctamente.

1

CONCEPTOS BÁSICOS DE DIBUJO

Antes de entrar en materia, vamos a echar un vistazo a los fundamentos del dibujo. El estilo manga tiene algunas características especiales, como los típicos ojos grandes y un lenguaje formal particularmente expresivo. Pero en este caso también hay que tener en cuenta que, para plasmar una imagen coherente sobre el papel, se requieren ciertos conocimientos básicos.

Por lo tanto, antes de abordar las instrucciones paso a paso del segundo capítulo, debes leer las explicaciones de este capítulo y practicar. Con un poco de práctica, tus trabajos se verán completamente diferentes y dibujar será mucho más divertido.

VISTA FRONTAL

En primer lugar, veamos cómo dibujar una cara de frente (en la llamada vista frontal). Este es el primer paso en tu camino hacia el dibujo al estilo manga, y no te preocupes, en realidad no es tan difícil. Así que, toma papel y lápiz y ¡vamos allá!

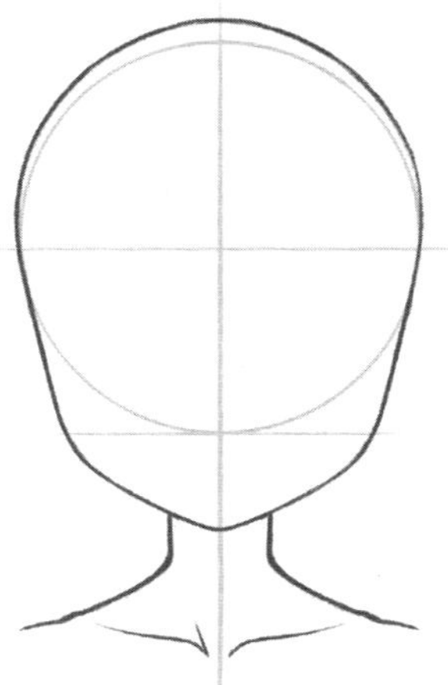

PASO 2 Desde los lados del círculo, traza una línea ligeramente descendente, hasta llegar a la guía. A partir de ahí, sigue en un ligero arco hasta el centro, donde las líneas se unen en la barbilla. Dos líneas relativamente rectas hacia abajo forman el cuello del personaje, que continúa hacia los hombros.

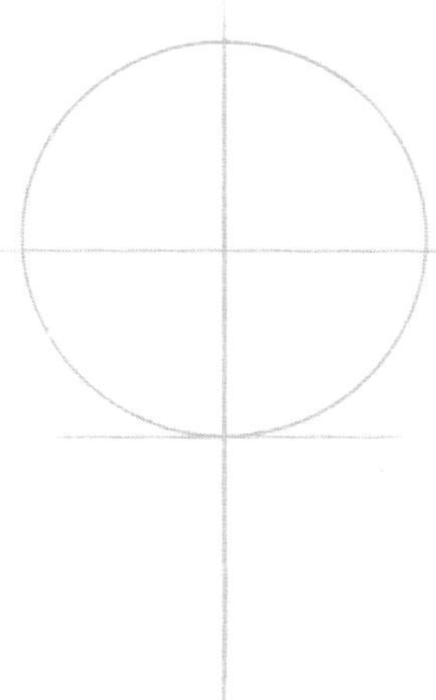

PASO 1 Empieza dibujando un círculo en el papel. Marca una cruz en el centro y otra línea debajo del círculo, que te servirán como guías. Asegúrate de que los lados a la izquierda y a la derecha de la línea central queden iguales.

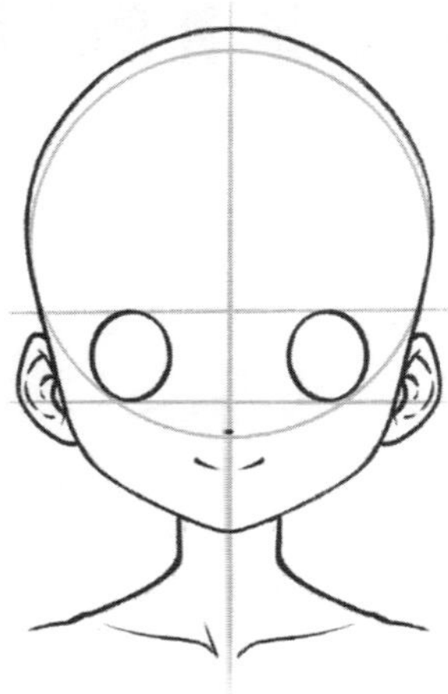

PASO 3 Los ojos están ubicados más o menos en el centro de la cabeza, un poco más bajos: dibuja otras dos guías para que ambos ojos te queden del mismo tamaño. Ahora dibuja un círculo en cada mitad de la cara, que representará el iris. Para la nariz, un pequeño punto en la línea central es suficiente. La boca se encuentra en el medio entre la nariz y la barbilla y se representa como una línea ligeramente curvada.

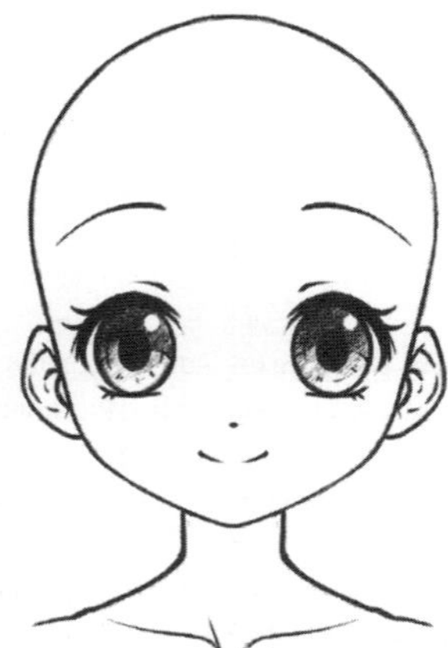

PASO 4 Los círculos se convierten en ojos reales trazando un arco encima y otro debajo de cada ojo, para insertar después la pupila y los reflejos de luz. No olvides los párpados y las cejas. Puedes encontrar instrucciones más detalladas en la página 24.
Las orejas comienzan a la altura de los ojos y terminan a la altura de la nariz. Para ello, dibuja arcos semicirculares a ambos lados de la cabeza.

CONSEJO

Si entre ambos encaja exactamente otro ojo, ¡la distancia es perfecta!

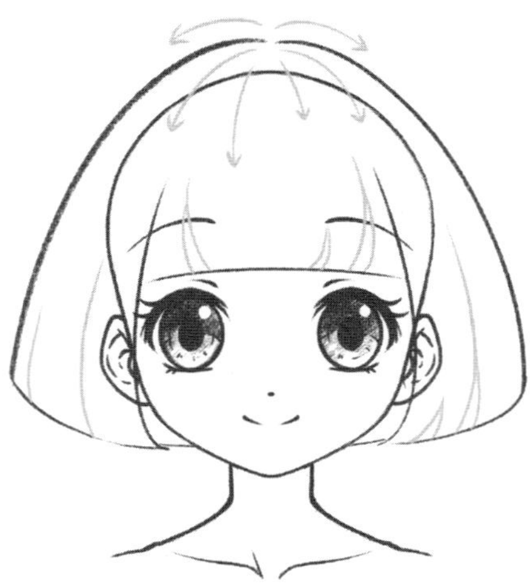

PASO 5 Para el pelo, primero se dibuja la forma aproximada. Piensa en los diferentes elementos del peinado (por ejemplo, flequillo, parte a la izquierda, parte a la derecha) y de dónde nace el cabello que cae sobre la cabeza. Dale suficiente volumen a la forma de la cabeza para que el pelo no quede pegado.

PASO 6 Ahora trabaja el cabello dividiendo las secciones en mechones de diferente grosor. También puedes crear algo de sombra, por ejemplo, debajo de la barbilla o del flequillo. Las rayitas en las mejillas indican un ligero rubor y hacen que la cara quede aún más bonita.

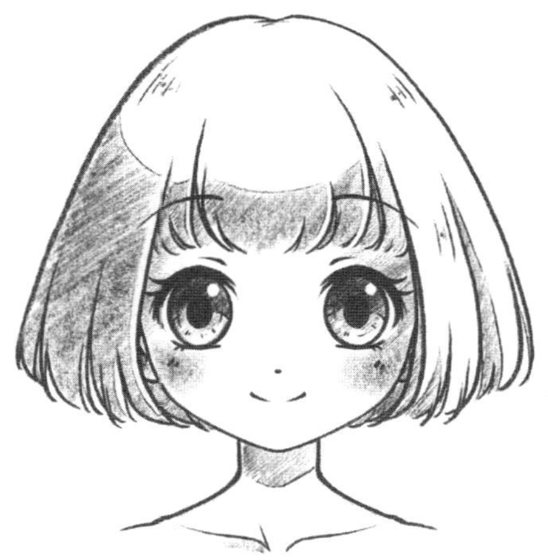

PERFIL

La vista lateral, también llamada «perfil», es otra destacada forma de representar personajes. La inclinación de la cabeza hacia arriba o hacia abajo, que es fácil de hacer, es ideal para plasmar emociones.

PASO 1 Empezamos por un círculo con una cruz en el medio. A continuación, se traza una forma de punta en el cuarto inferior izquierdo, sobre la que luego se orienta la barbilla. También se puede indicar el cuello, que va ligeramente oblicuo y en línea recta desde la barbilla.

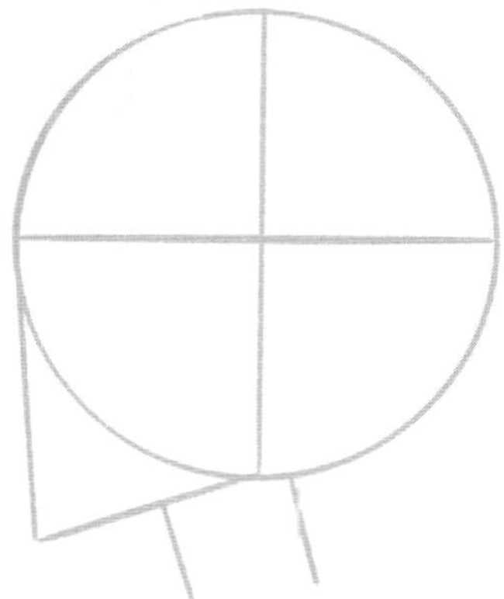

CONSEJO

Para dibujar algo complicado, siempre es útil reducir primero el objeto a las formas más básicas y continuar trabajando a partir de ahí.

PASO 2 Ahora vamos a darle un poco más de forma a la cabeza. Para ello, puedes resaltar ligeramente la zona de la boca y la nariz, y trazar una suave curva en la frente y la barbilla. La parte posterior de la cabeza también se puede modelar un poco más.

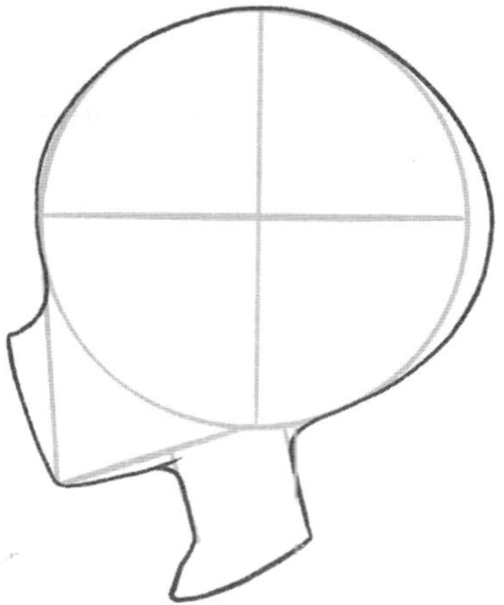

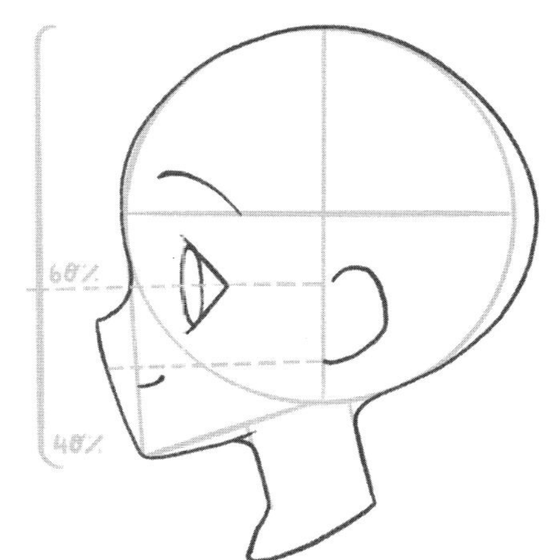

PASO 3 Para dibujos realistas, los ojos están en el centro de la cabeza, pero para que quede más mono puedes colocarlos un poco más abajo. Desde el lado tienen la forma de un triángulo. La oreja queda sobre la línea media, comienza a la altura de los ojos y termina con la nariz.

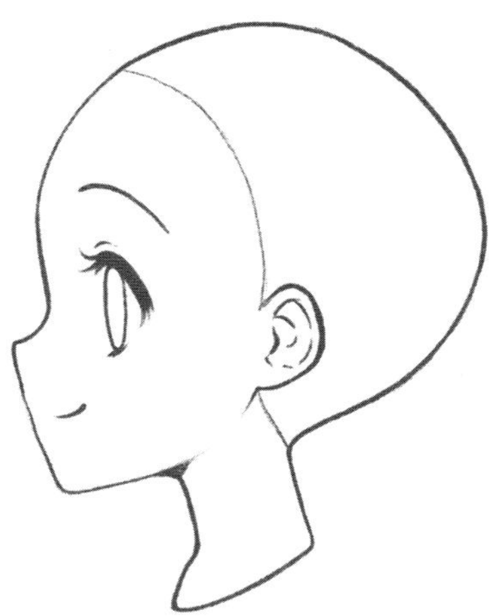

PASO 4 Ahora puedes trabajar más los ojos y dibujar detalles de la oreja. Marcar la línea del cabello te ayudará a colocarlo correctamente en el siguiente paso.

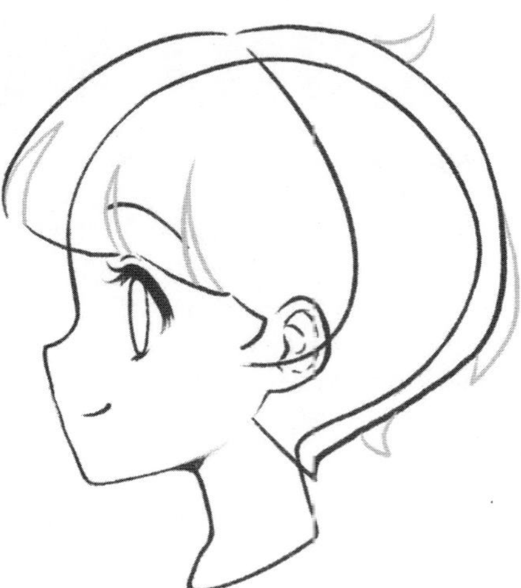

PASO 5 Para el cabello, vuelve a dibujar la forma aproximada. A continuación, puedes añadir mechones que sobresalgan ligeramente de la cabeza o «recortar» pequeñas zonas triangulares en el flequillo para dar estructura al peinado.

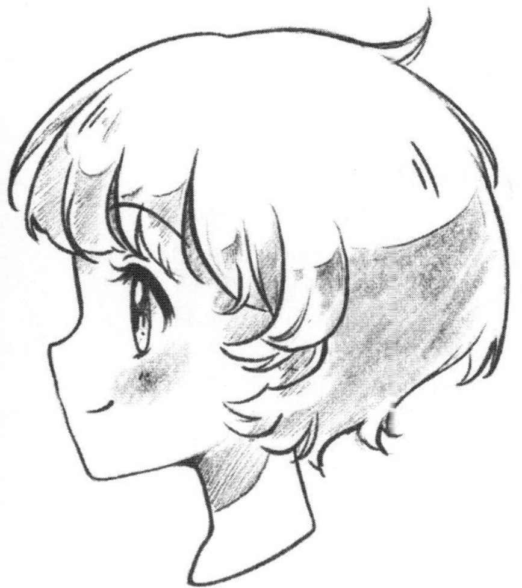

PASO 6 Finalmente, hay que dar a los ojos un poco más de vida y, si quieres, dibujar más mechones. Completamos el dibujo con un poco de sombra en el pelo y debajo de la barbilla.

MEDIO PERFIL

El llamado «medio perfil» es probablemente el punto de vista que se utiliza con más frecuencia, y también es el más difícil de las tres perspectivas básicas. Probablemente necesites algo de práctica, pero no te preocupes, primero vamos a verlo paso a paso.

PASO 1 Primero, comienza con un círculo. Pero no pienses en la cabeza como una bola: de hecho, es relativamente plana tanto en los laterales como en la parte delantera. Para recordarlo, es útil «cortar» una parte de los lados. A continuación, marca el centro de la cabeza con una línea curva para determinar la dirección de la vista.

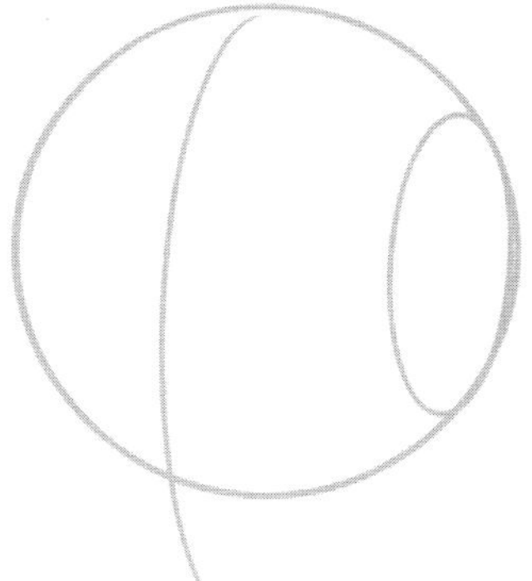

CONSEJO

Si dibujas con la mano derecha, es más fácil hacer que tu personaje mire hacia la izquierda. Si dibujas con la mano izquierda, al contrario.

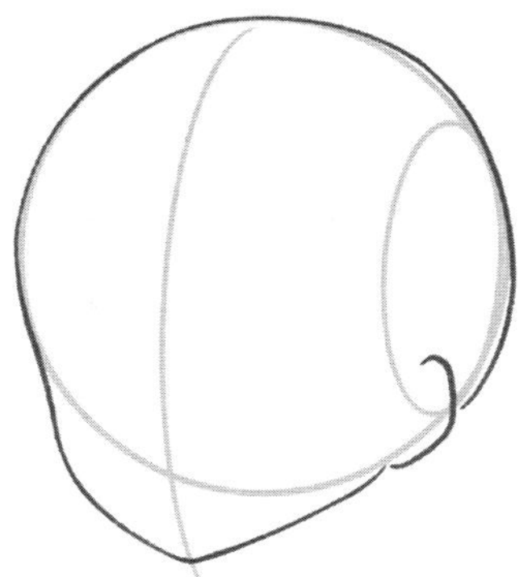

PASO 2 Ahora formaremos la cara a partir de las guías. Desde esta perspectiva, la frente sobresale ligeramente, la forma de los ojos se curva hacia adentro y las mejillas se vuelven a resaltar.

PASO 3 Ahora se colocan la boca, la nariz y los ojos. Para ello, dibuja más guías para asegurarte de que ambos ojos queden a la misma altura. Como el ojo izquierdo está más lejos del espectador, parece más estrecho que el derecho. Dependiendo de cuánto se gire la cabeza, el ojo se verá cada vez menos. También puedes dibujar el cuello.

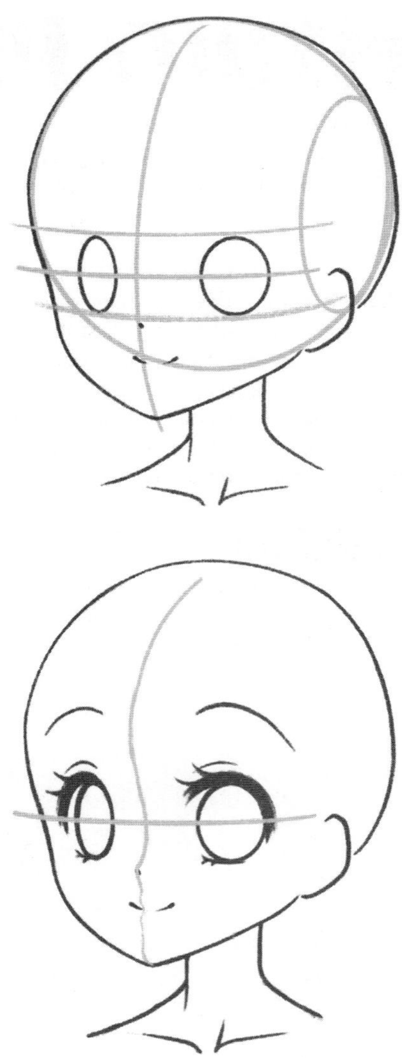

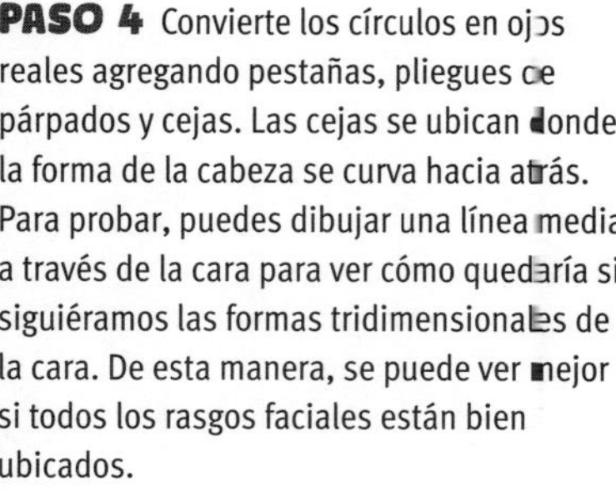

PASO 4 Convierte los círculos en ojos reales agregando pestañas, pliegues de párpados y cejas. Las cejas se ubican donde la forma de la cabeza se curva hacia atrás. Para probar, puedes dibujar una línea media a través de la cara para ver cómo quedaría si siguiéramos las formas tridimensionales de la cara. De esta manera, se puede ver mejor si todos los rasgos faciales están bien ubicados.

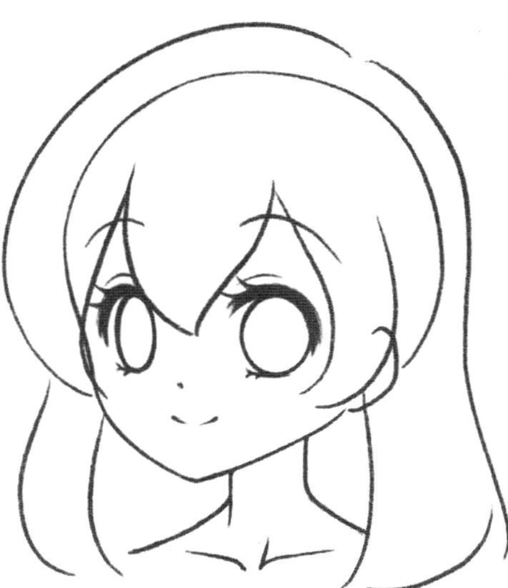

PASO 5 A continuación, es el momento de volver con el cabello. En esta perspectiva también se puede dibujar primero la forma aproximada. En este caso, tenemos un cabello de longitud media y un flequillo formado por tres mechones grandes.

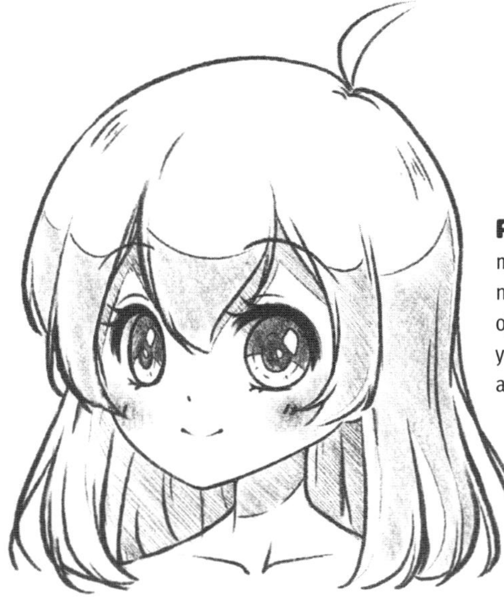

PASO 6 En el último paso, dibuja los mechones más finos y anima los ojos. Si necesitas más consejos sobre el pelo y los ojos, puedes encontrarlos en las páginas 22 y 24, respectivamente. Si lo deseas, puedes añadir un sombreado.

DIFERENCIAS DE GÉNERO

Si quieres dibujar personajes típicamente femeninos o masculinos, aquí tienes algunos consejos para representar mejor sus peculiaridades. Ten en cuenta que estos rasgos externos no indican necesariamente el sexo del personaje en el manga suele ocurrir que un personaje de aspecto muy femenino sea masculino.

RASGOS FEMENINOS

- Rasgos faciales suaves y redondeados
- Cuello fino
- Pestañas más largas
- Ojos más grandes y redondos
- Cejas finas

RASGOS MASCULINOS

- Rasgos faciales más duros y angulosos
- Cuello ancho, de lado se ve la nuez
- Pestañas cortas o inexistentes
- Ojos más pequeños y angulosos
- Cejas más gruesas

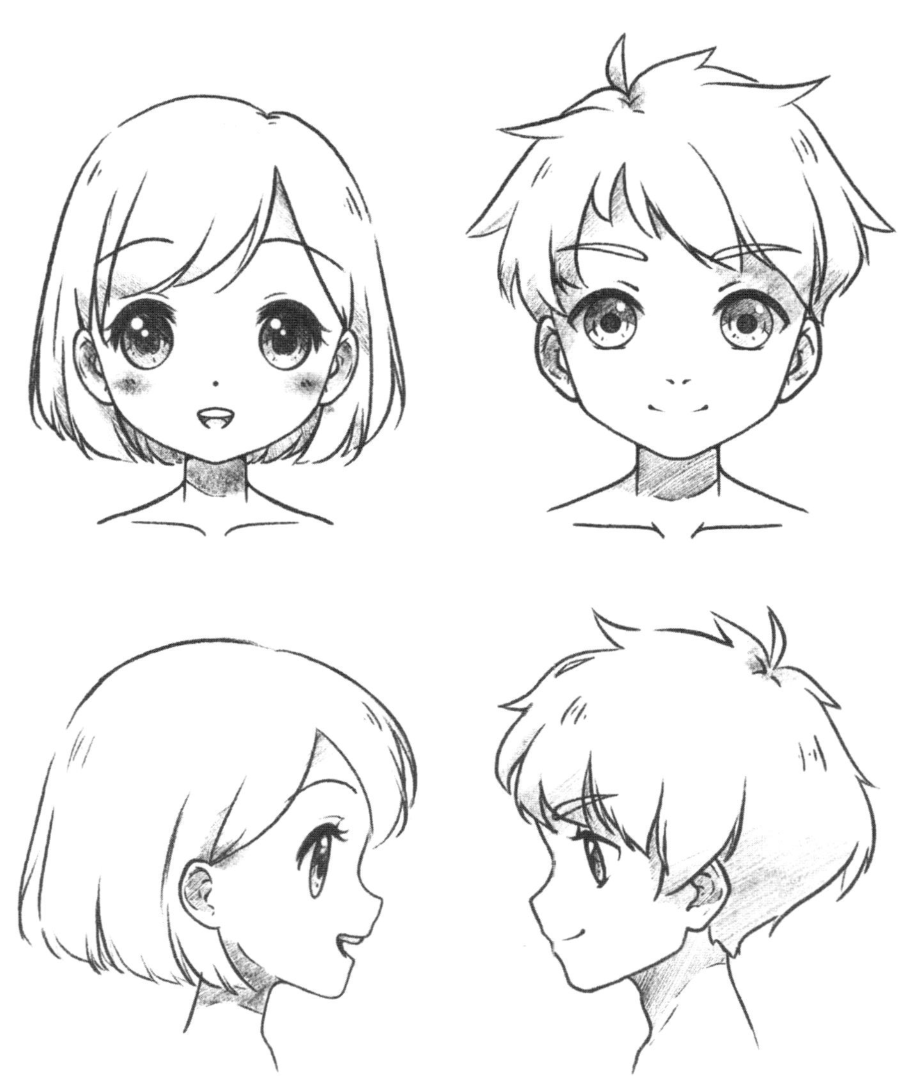

DIFERENCIAS DE EDAD

Normalmente, se empieza dibujando personajes que tienen más o menos nuestra misma edad, pero a veces puede ser interesante representar a otros grupos de edad. Aquí te explico cómo hacerlo.

JOVEN

La cara de una adolescente resulta algo más estrecha en proporción. El pelo de la chica es un poco más largo, pero el peinado básico sigue siendo el mismo.

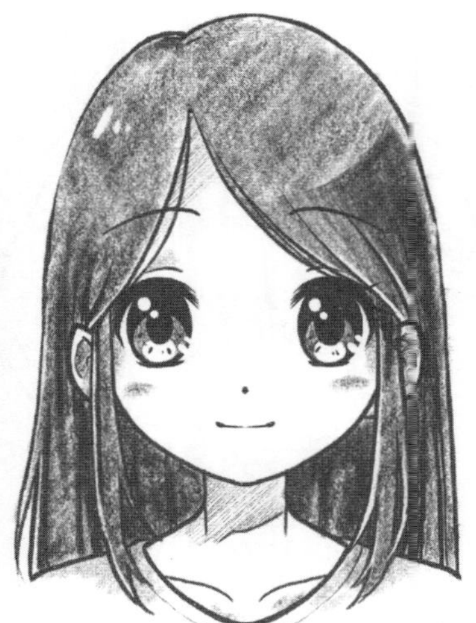

NIÑA

Cuanto más joven es una persona, más grandes son sus ojos en relación con la cabeza. Los ojos de los niños, en particular, suelen ser muy grandes, la cara muy redonda, y los rasgos faciales, suaves.

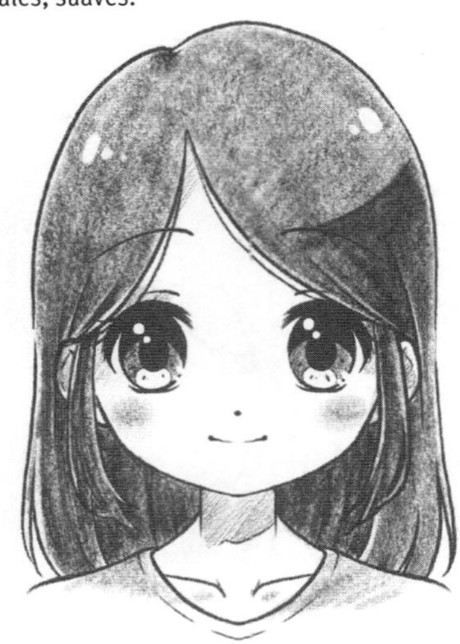

MAYORES

Con la edad, la piel forma arrugas en los puntos donde ha habido más movimiento a lo largo de los años: especialmente en la frente, alrededor de los ojos y en las comisuras de la boca. Además, la piel pierde tensión y cuelga un poco de las mejillas, y el cabello se vuelve blanco.

ADULTOS

En la edad adulta, los ojos se vuelven más pequeños en comparación con la cabeza. Además, el gusto por la moda y los peinados suele cambiar; aquí el personaje lleva el pelo recogido.

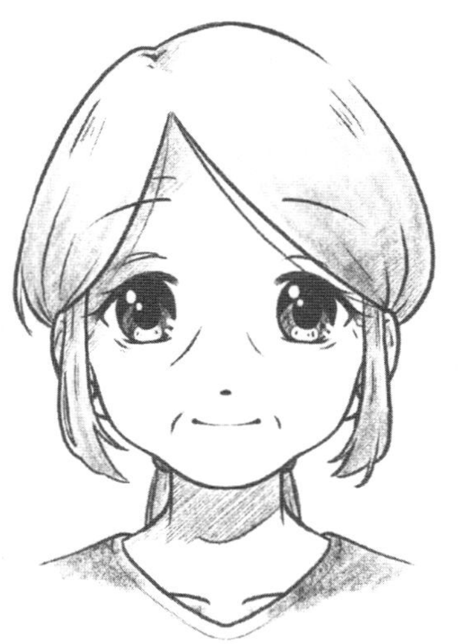

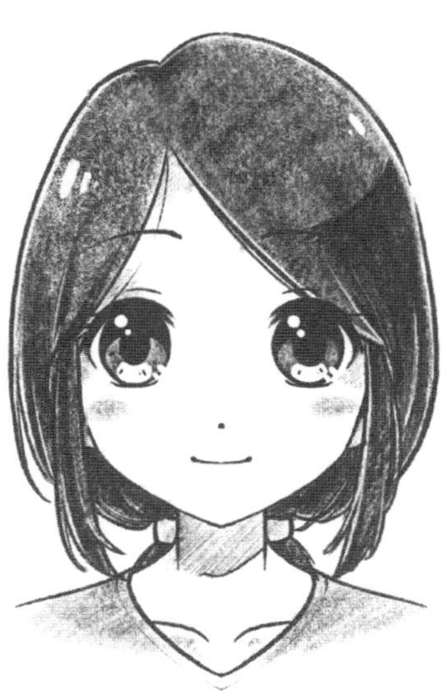

CONSEJO

Si dibujas el mismo personaje en diferentes etapas de su vida, asegúrate de que la forma de los ojos se mantenga más o menos igual. La expresión y el peinado similar pueden facilitar el reconocimiento (a menos que el personaje haya cambiado mucho).

PELO

El pelo puede ser de todos los colores y formas posibles. En el estilo manga no se dibuja cada pelo, sino que se agrupa en mechones. Por lo tanto, veamos primero cómo hacer un solo mechón.

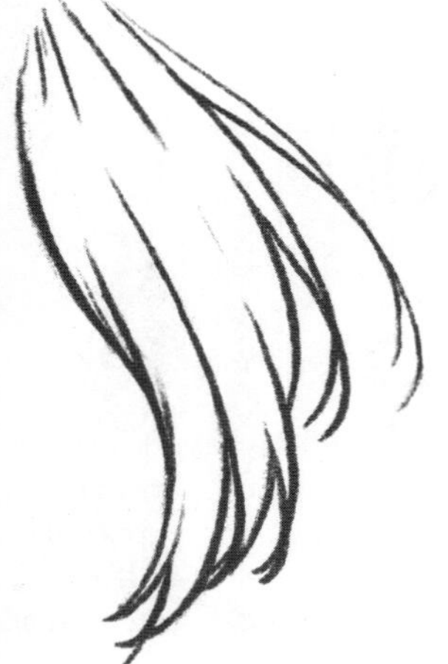

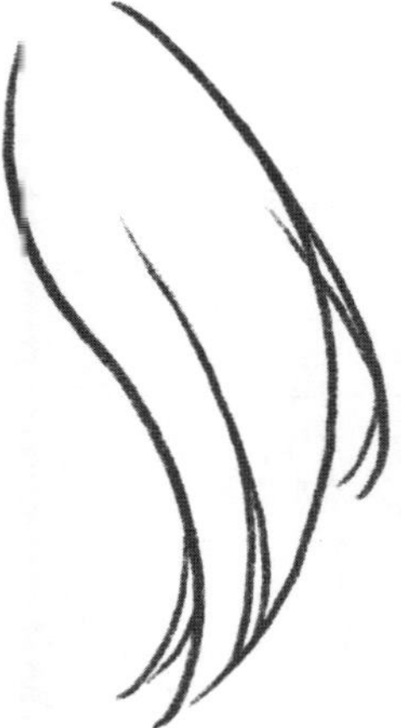

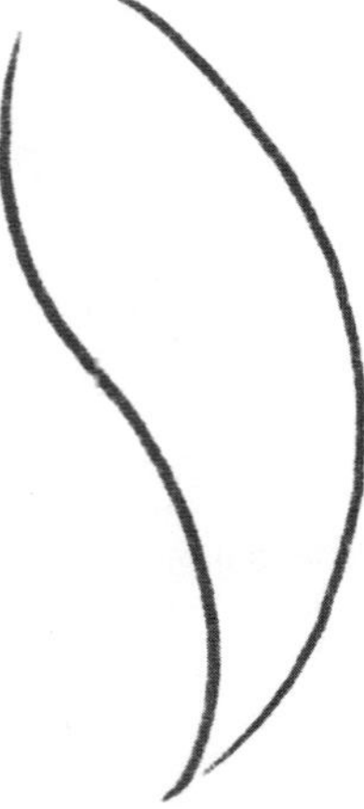

PASO 3 Puedes repetir este proceso hasta que te guste el resultado. Los mechones también se pueden dibujar delante o detrás de otros. Las pequeñas líneas que salen del nacimiento del mechón señalan la dirección de su caída.

PASO 2 Ahora dividimos el mechón en otros más pequeños, dibujando huecos o dejando que sobresalgan algunos pelos. Hay que mantener la línea de caída del mechón.

PASO 1 Primero, determina la forma aproximada de un mechón. Para ello, piensa en el punto desde el que comienza y dibuja una forma curva que se afina hacia abajo.

PEINADOS

Con los conocimientos básicos sobre mechones, podemos diseñar una amplia variedad de peinados, como los de este ejemplo.

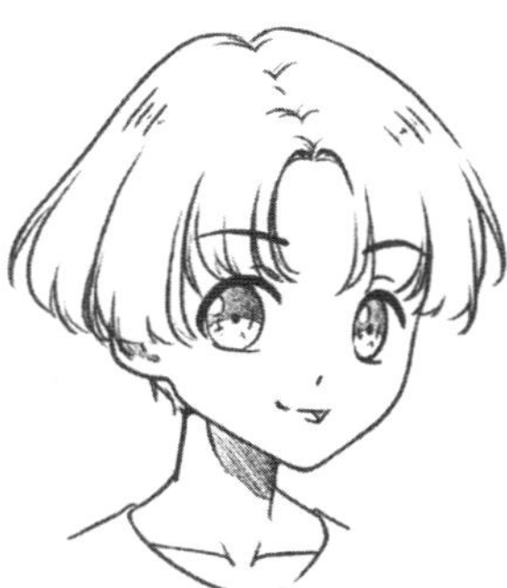

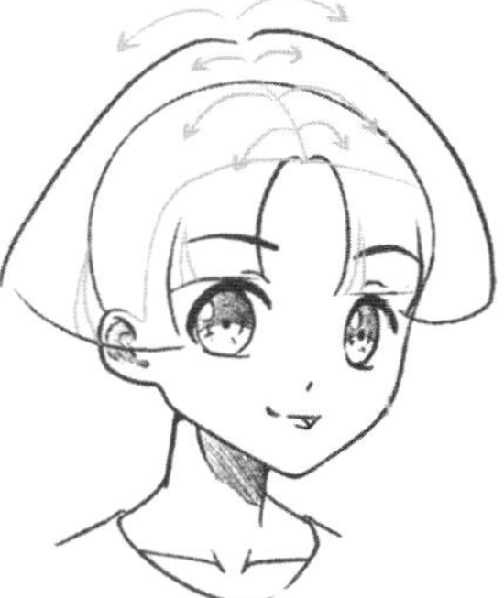

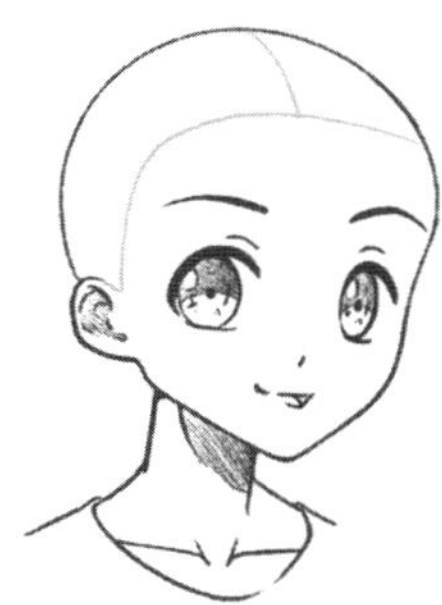

PASO 3 Al igual que con el mechón, divide gradualmente las áreas en partes aún más finas. También puedes dibujar pelos sueltos a partir de la parte superior. Ten en cuenta que cada pelo debe quedar bien «colocado» en la cabeza.

PASO 2 Luego, dibuja la forma aproximada. Añade bastante volumen a la forma de la cabeza. El cabello caerá desde la parte superior hacia abajo, siguiendo la forma de la cabeza. Al dibujar pequeñas «ranuras» en el cabello desde abajo, puedes comenzar a dividirlo en mechones.

PASO 1 Para hacer un peinado completo, piensa primero en dónde está la línea del cabello y si sale de la parte superior o de atrás.

CONSEJO

Dibuja las líneas para los mechones de arriba a abajo y deja pequeños huecos. De esta manera, se verán más ligeros y sueltos.

OJOS

Ya hemos visto algunos ojos antes, pero ahora vamos a estudiar la estructura de un ojo en detalle.

DE FRENTE

En muchas ilustraciones de estilo manga, los ojos se ven de frente. Cuanto más grande sea el ojo, más detalles podrás dibujar.

PASO 1 Primero dibuja el iris. Puede ser un círculo o un óvalo; dependiendo de ello, el efecto de los ojos cambiará. ¡Ten en cuenta que esta forma debe seguir expandiéndose hasta obtener un ojo completo!

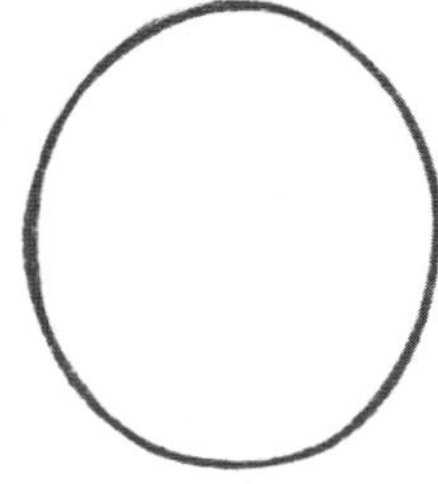

PASO 2 A continuación, dibuja las pestañas sobre el ojo mediante una línea gruesa y curva, con un pequeño doblez en el extremo exterior. Debajo del iris, puedes insinuar una pequeña línea para la parte inferior del ojo.

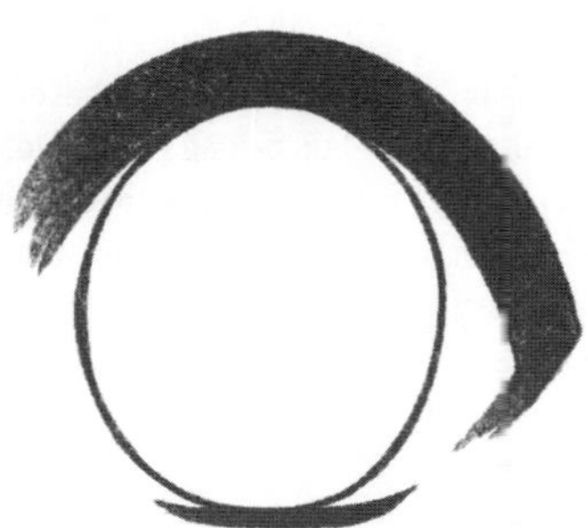

PASO 3 Los reflejos de luz, es decir, las áreas que se conservan en blanco, son muy importantes para el brillo de los ojos. Cuantas más haya, más brillan los ojos. Añade también el pliegue del párpado sobre el ojo, siguiendo la forma del ojo.

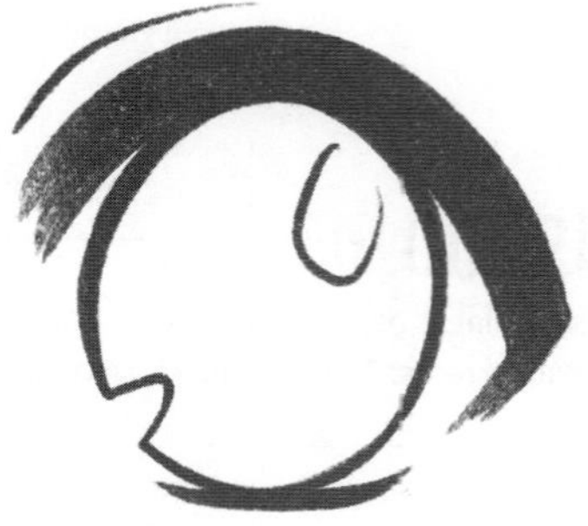

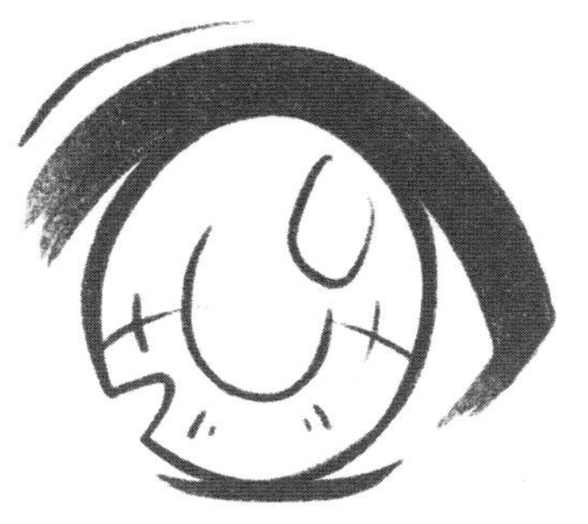

PASO 4 Ahora puedes dibujar la pupila. Esta puede ser un punto o, como aquí, una versión más pequeña del círculo u óvalo del principio. Además, puedes dibujar pequeñas líneas apuntando al centro del ojo y delimitar el área que se sombreará a continuación.

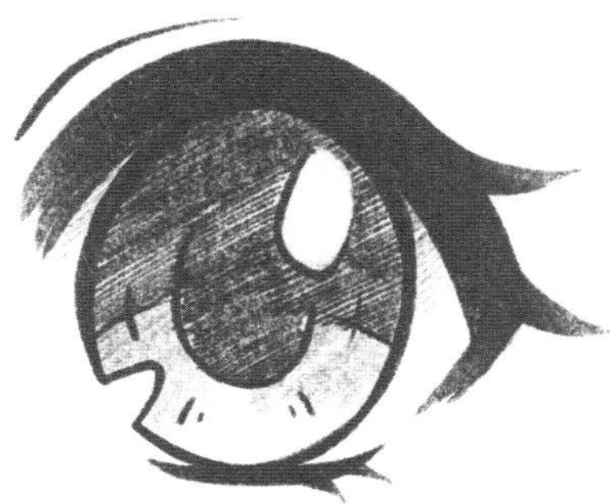

PASO 5 Por último, puedes sombrear rellenando la parte superior del ojo con muchas líneas paralelas. Presiona menos a medida que bajas, para crear así un ligero degradado. También puedes añadir pestañas sueltas.

DE LADO

En realidad, nuestros globos oculares son bolas de las que solo se puede ver la parte delantera. Por lo tanto, los ojos de lado parecen más bien un triángulo.

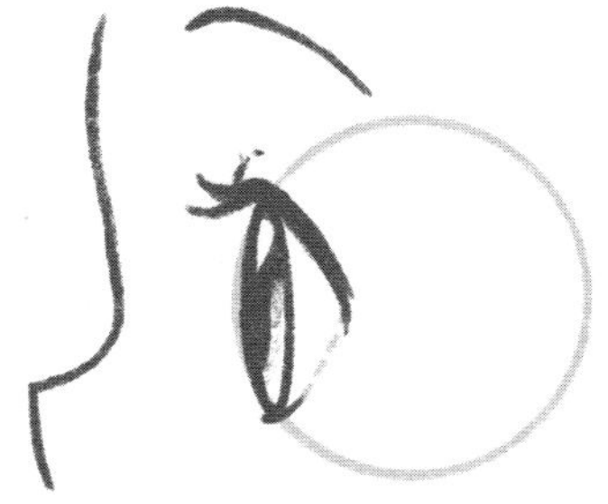

CONSEJO

La forma, el color y el tamaño de los ojos son decisivos para la personalidad de tu personaje. En la página 108 y en las otras explicaciones de este libro encontrarás diferentes variantes de ojos para probar.

NARIZ

Las narices suelen ser muy simples en el estilo manga. Esto se debe a que, en comparación con los ojos y la boca, apenas sirven para mostrar emociones. Aquí encontrarás algunas variaciones de cómo dibujarlas.

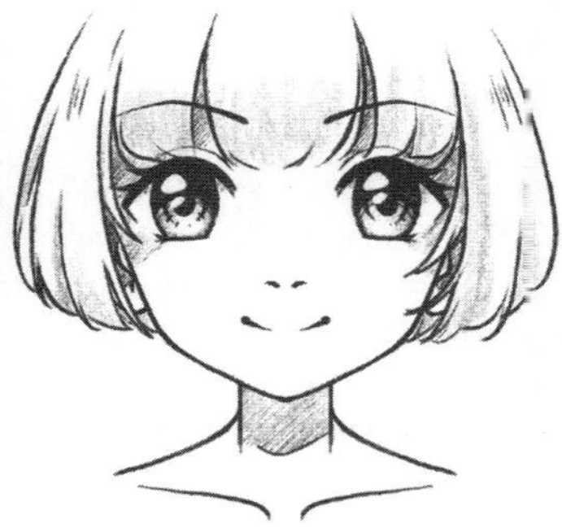

A menudo, tan solo se insinúan las dos fosas nasales con dos pequeñas líneas curvas.

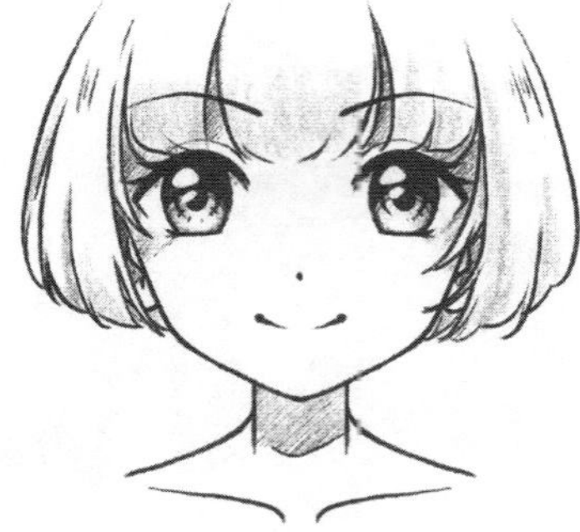

En los personajes más encantadores, un simple punto es suficiente como nariz.

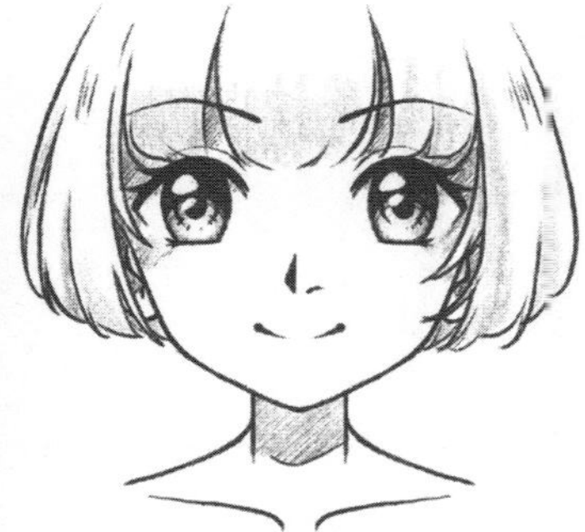

Otra variante consta de una fosa nasal en un lado y una sombra triangular en el centro.

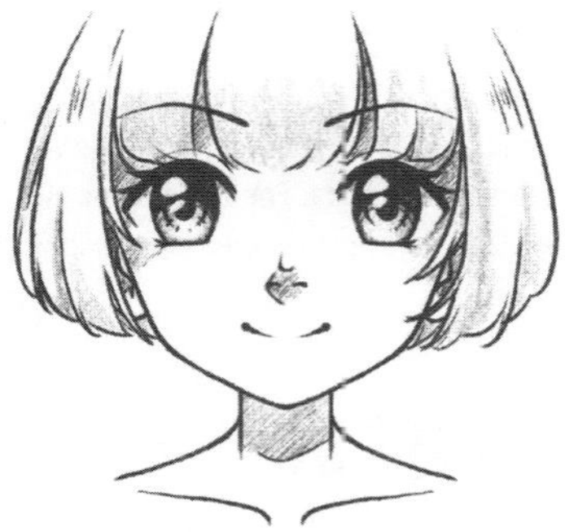

Para una representación más realista, se pueden insinuar también el puente y una sombra debajo de la nariz.

De lado, la nariz puede tener aspectos diferentes: ya sea respingona, recta o curva, cada una de ellas confiere un carácter único a su propietario.

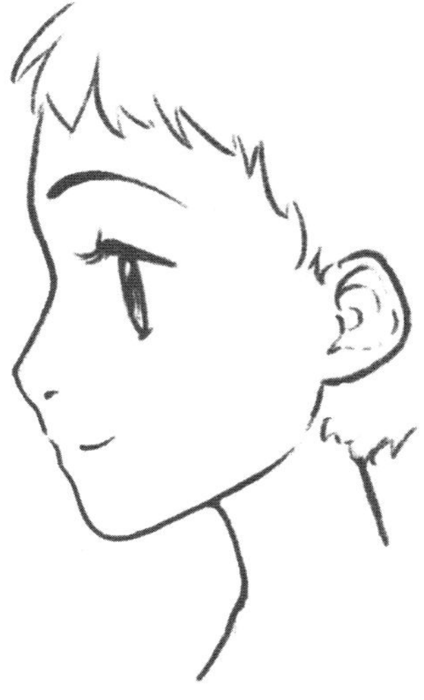

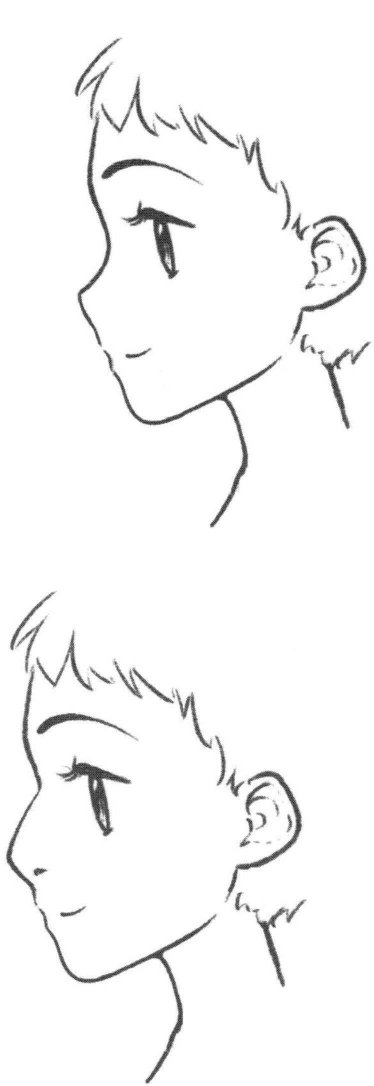

OREJAS

Solemos olvidarnos de las orejas a la hora de dibujar, pero para la vista lateral es importante observarlas detenidamente.

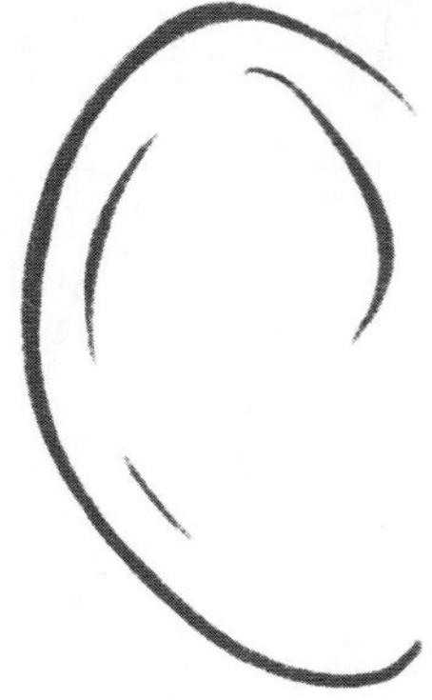

PASO 2 Ahora viene la llamada «hélice», que es el arco que recorre el borde de la oreja.

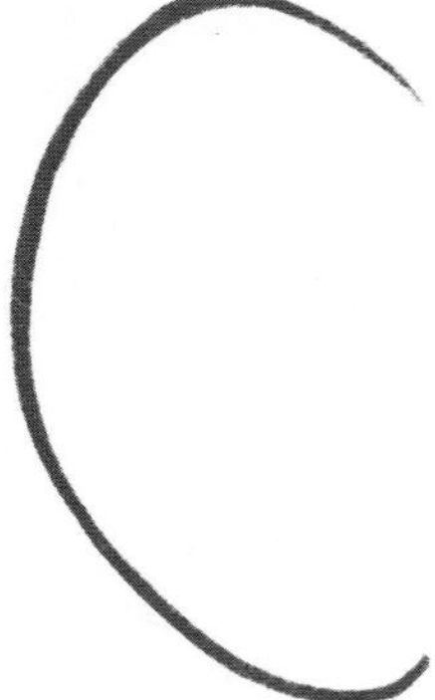

PASO 1 Primero es la forma externa de la oreja. Es parecida a la letra «C».

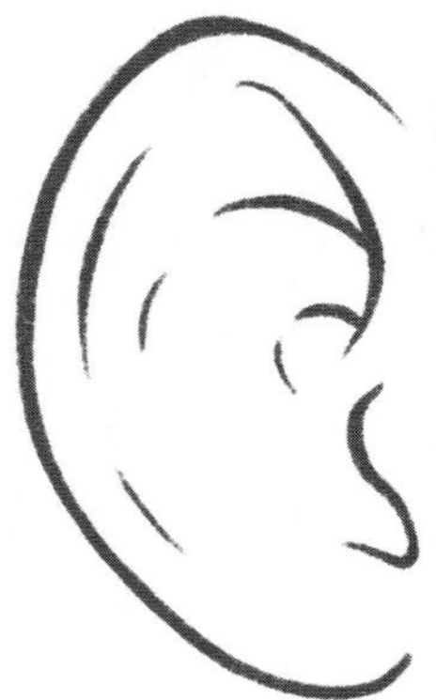

PASO 3 Ahora puedes insinuar algunas de las formas dentro de la oreja. No todas las líneas tienen que corresponder a la realidad, lo único importante es que la impresión general sea correcta.

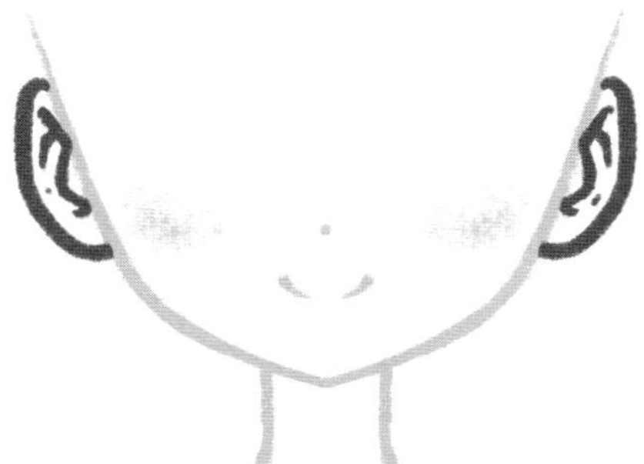

DE FRENTE

Al mirar una cara de frente, las orejas se ven un poco más estrechas, dependiendo de cuánto sobresalgan de la cabeza. Una vez más, basta con insinuar el interior de la oreja.

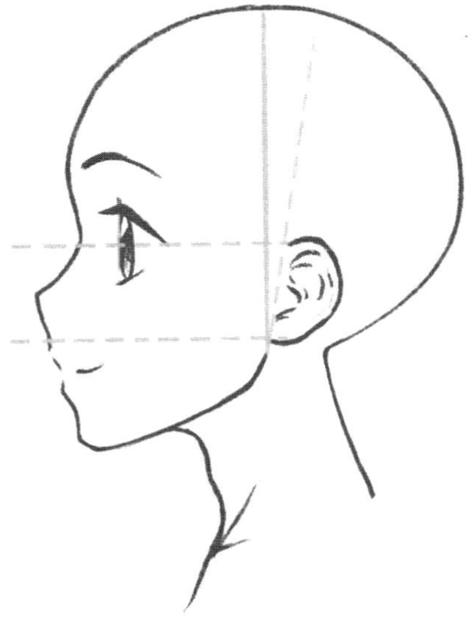

POSICIÓN DE LA OREJA

Para colocar la oreja correctamente en la cabeza, puedes guiarte por las siguientes pautas: lateralmente, se encuentra en el centro de la cabeza y está un poco inclinada. La altura de la oreja corresponde más o menos a la distancia entre el centro de los ojos y la parte inferior de la nariz. Sin embargo, dependiendo de la edad de tu personaje, las orejas también pueden ser más grandes o más pequeñas.

BOCA

La boca es un rasgo de la cara fundamental a la hora de transmitir emociones. Veremos primero cómo se puede representar la boca en el estilo manga en general.

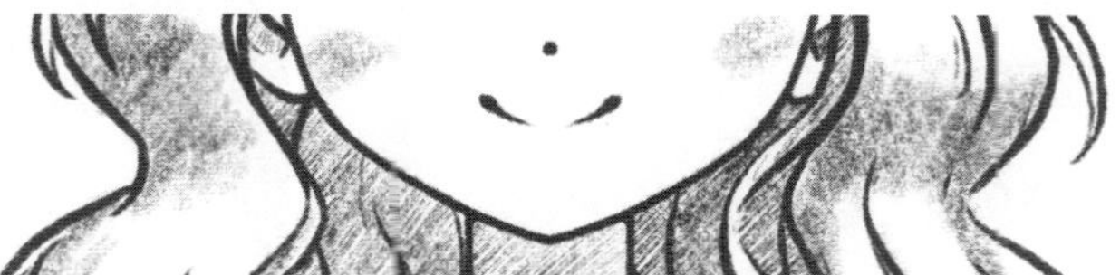

La variante más simple es una línea curva que se interrumpe ligeramente en el medio. La línea es un poco más gruesa en las comisuras de la boca, donde hay algo de sombra.

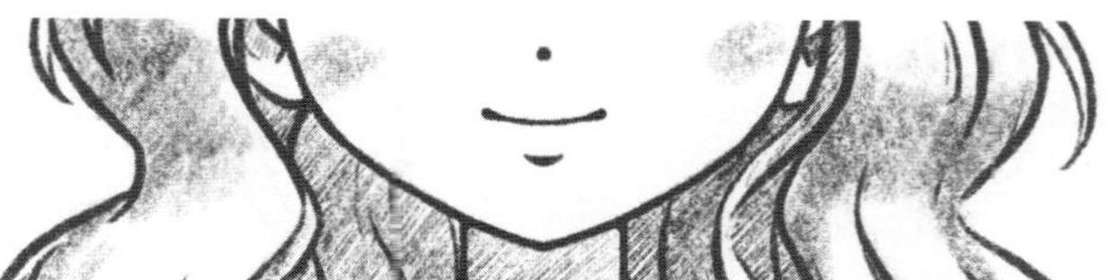

La línea también puede ser continua. En este caso el labio inferior lo indica una ligera sombra.

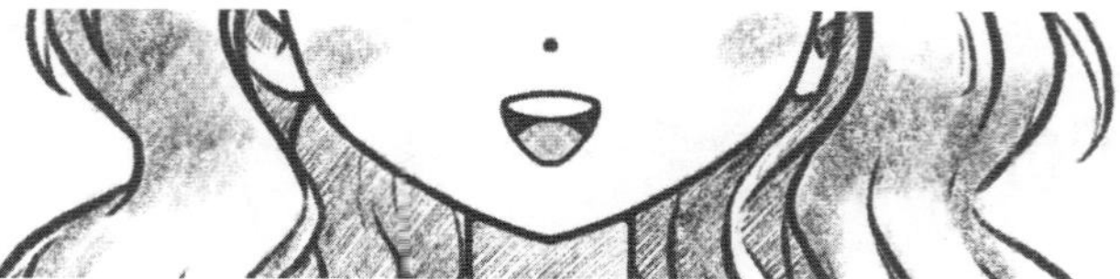

Una boca abierta y alegre tiene la forma de un triángulo redondeado. Aquí se insinúan los dientes superiores y la lengua.

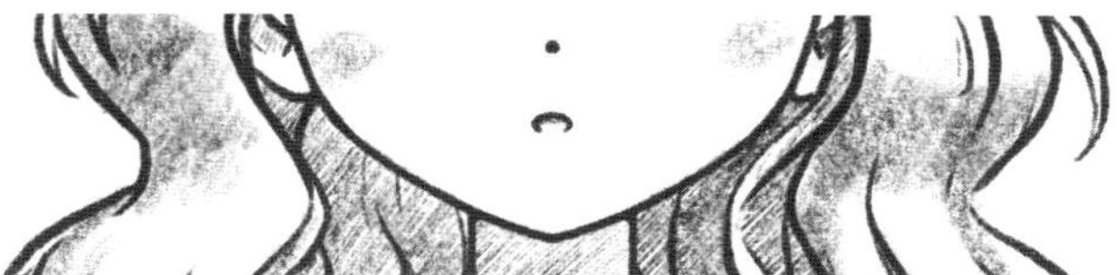

Si la boca está un poco abierta adquiere forma de óvalo. No se ven ni los dientes ni la lengua.

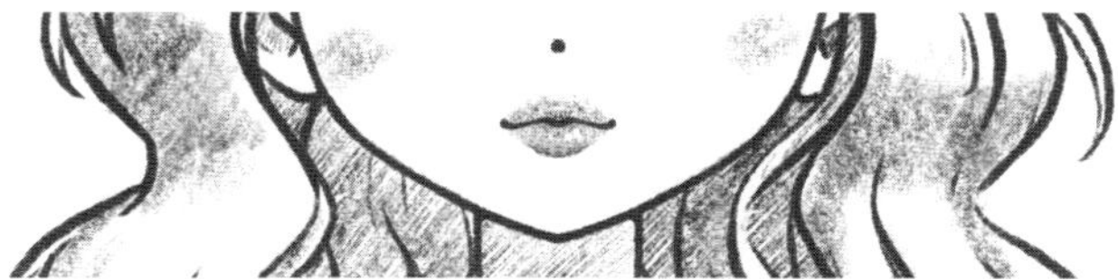

Los labios pintados se pueden sugerir con un ligero sombreado. Sin embargo, es mejor no marcar el contorno. En la línea central, la forma del labio se dibujaba más curvada.

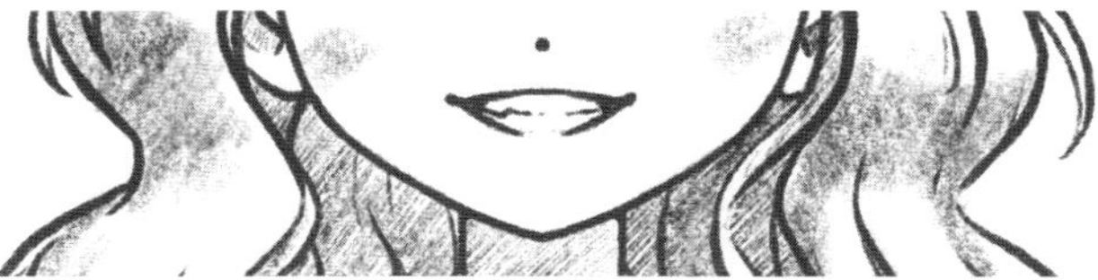

En una boca sonriente, se crean sombras en los bordes de los dientes. La línea de contacto se dibuja ligeramente dentada e interrumpida.

CONSEJO

En el estilo manga, no se suele dibujar cada diente, sino que se agrupan todos en un «bloque». Si quieres que el personaje resulte un poco más descarado, insinúa un poco más los caninos.

EMOCIONES

LAS CINCO EMOCIONES BÁSICAS

Los humanos de todo el mundo podemos reconocer cinco emociones básicas, independientemente de nuestro país o cultura. Estos cinco sentimientos son la alegría, la tristeza, la ira, el miedo y el asco. A veces se incluye la sorpresa como sexta emoción. Sobre la base de estas emociones, se pueden representar una variedad de situaciones. En primer lugar, veamos cómo se ven estas emociones básicas.

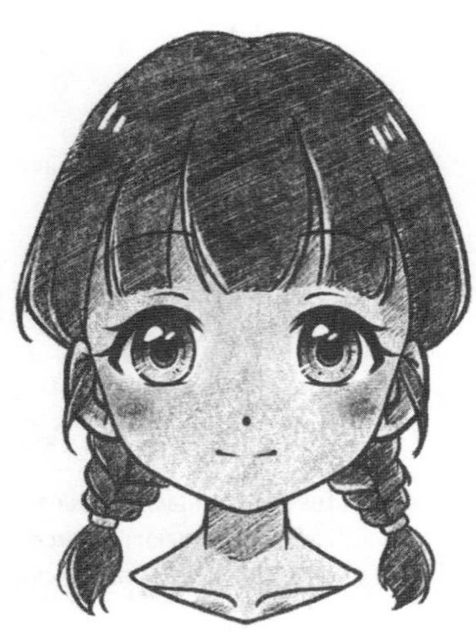

CARA NEUTRA

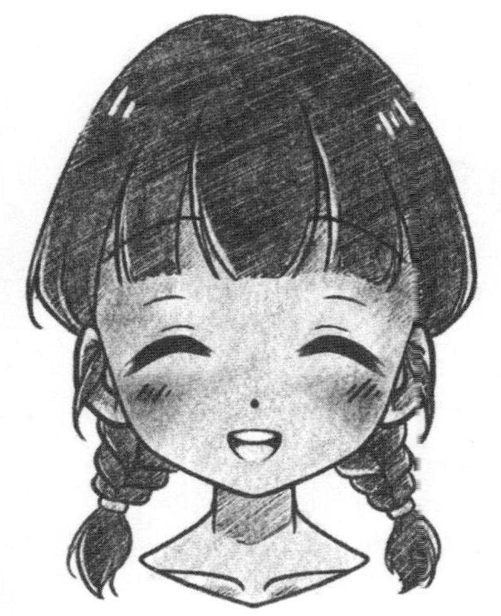

ALEGRÍA

Una cara alegre se ve relajada, los gestos son suaves y llanos. Puedes representarla, por ejemplo, dibujando los ojos cerrados como líneas arqueadas hacia arriba. La boca está ligeramente abierta, las cejas curvas y relajadas, y las mejillas ligeramente enrojecidas de alegría.

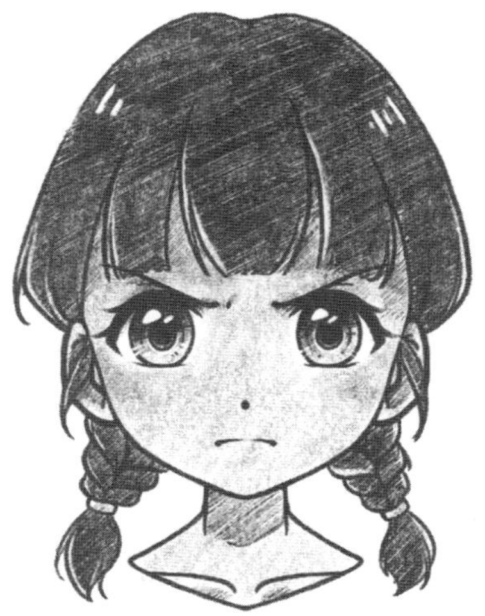

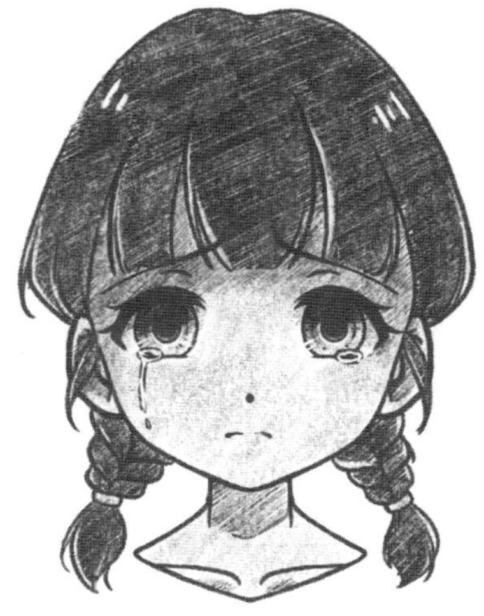

IRA

En una expresión enojada, los rasgos faciales son rígidos y tensos. Esto se plasma con las cejas inclinadas hacia dentro y pegadas a los ojos. También se forman pequeñas arrugas en la frente. Los labios entrecerrados y la mirada fría.

TRISTEZA

Cuando estamos tristes, los rasgos faciales «se caen». Las cejas están inclinadas hacia afuera, los ojos ligeramente entrecerrados y las comisuras de la boca apuntando hacia abajo. Además, los ojos pierden su brillo: no se dibujan reflejos de luz.

CONSEJO

De las cinco emociones básicas, hay muchas gradaciones y combinaciones diferentes. Por ejemplo, las actitudes de satisfacción, alivio, agradecimiento, orgullo o seguridad en sí mismo entran bien en la categoría de «alegría». Al mismo tiempo, la alegría también se puede combinar con el miedo, por ejemplo, para expresar una risa insegura, nervios o vergüenza.

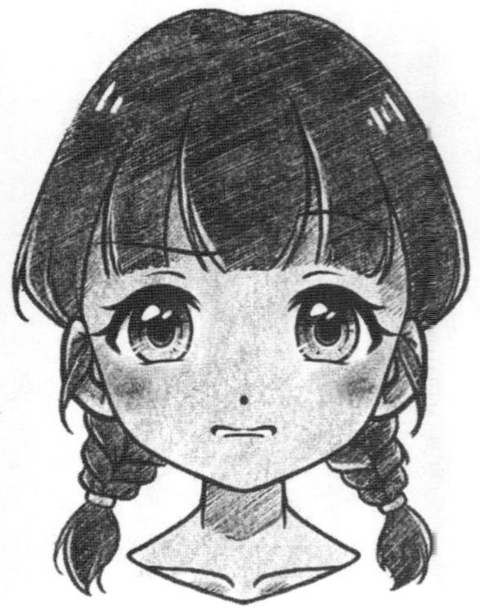

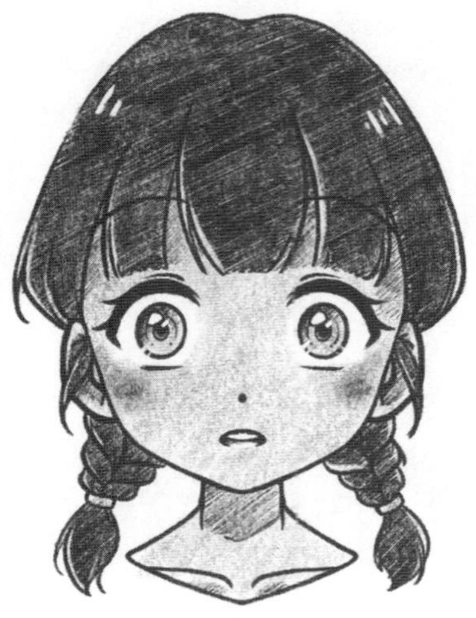

ASCO

Aunque esta emoción no se represente con mucha frecuencia, conviene saber cómo dibujar la aversión. Si algo obviamente no nos gusta, encogemos la nariz, tirando de las mejillas hacia arriba con los ojos ligeramente apretados. El labio superior se eleva y, por lo tanto, la boca se abre ligeramente; en el caso de las cejas, una va hacia abajo y la otra hacia arriba.

SORPRESA/MIEDO

La sorpresa y el miedo son muy similares en términos de expresión: tal vez se les podría llamar «shock» (para bien o para mal). Aquí los ojos están muy abiertos, por lo que la pupila ya no toca los bordes de los ojos y se puede ver mucho del blanco del ojo. Las cejas están levantadas y la boca abierta, como si la persona estuviera jadeando.

REPRESENTAR LAS EMOCIONES CON LOS OJOS

Después de aprender a dibujar ojos en general, vamos a echar un vistazo más de cerca a cómo puedes cambiarlos para representar distintas emociones. Como los ojos, el «espejo del alma», son un componente importante para expresar sentimientos, hay muchas formas de dibujarlos de manera particularmente efectiva en el estilo manga.

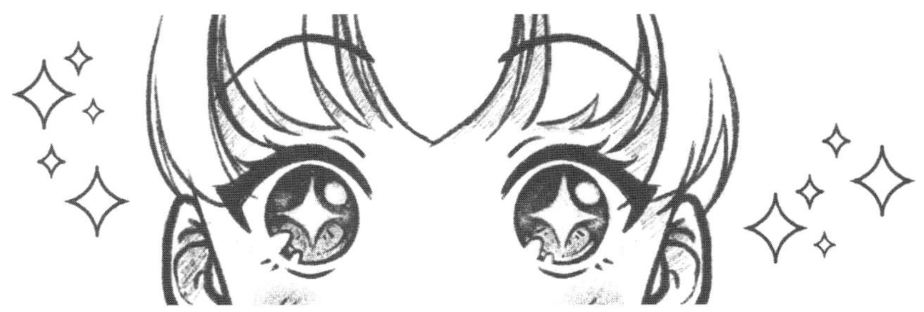

OJOS BRILLANTES

Si quieres que tus ojos brillen o chispeen porque tu personaje está muy feliz, puedes lograrlo trabajando con reflejos de luz o estrellas. Incluso puedes reemplazar las pupilas por estrellas y hacer que los ojos se vean especialmente radiantes (y tal vez incluso un poco mágicos).

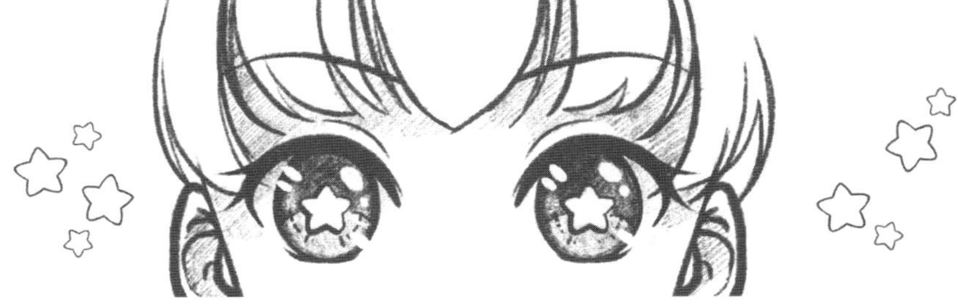

OJOS CERRADOS

Para ciertas expresiones faciales es importante saber dibujar los ojos cerrados. No es nada difícil: simplemente hay que trazar un arco grueso e insinuar algunas pestañas en los extremos. La diferencia consiste en si está arqueado hacia arriba o hacia abajo.

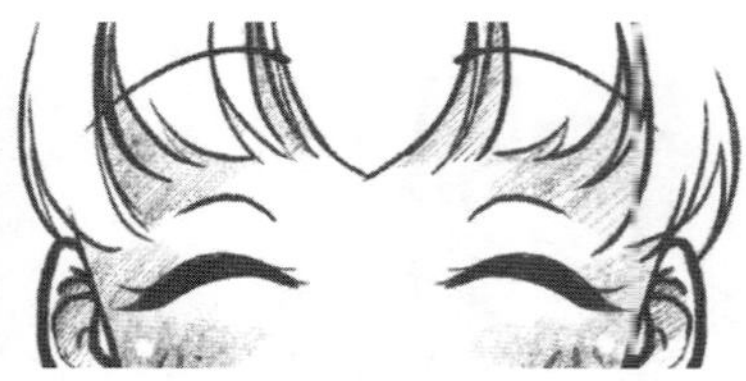

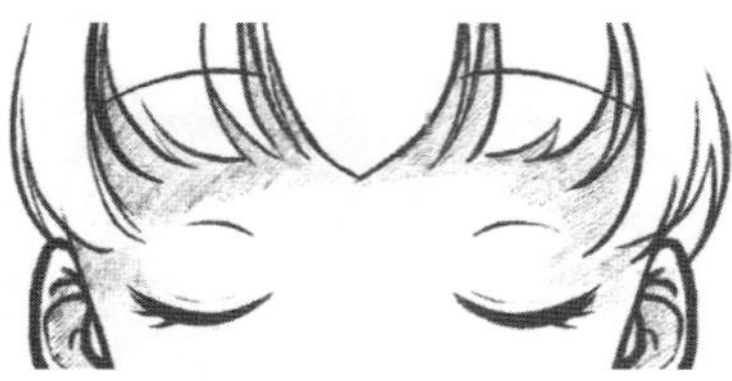

Si el arco está curvado hacia arriba, el personaje parece feliz. Esto sugiere que está sonriendo y que las mejillas se elevan.

Si el arco apunta hacia abajo, el personaje parece relajado. Los personajes dormidos también se representan de esta manera.

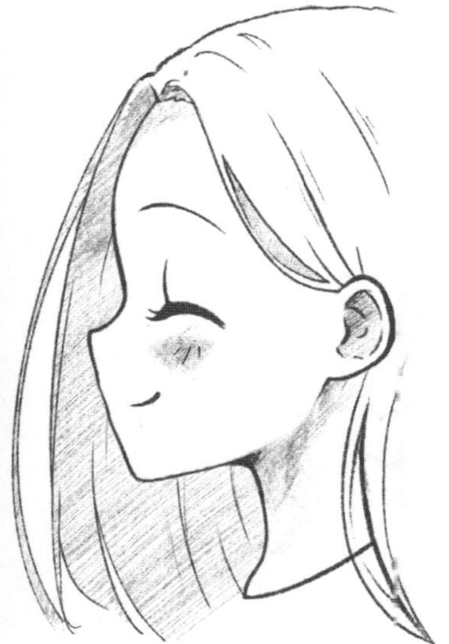

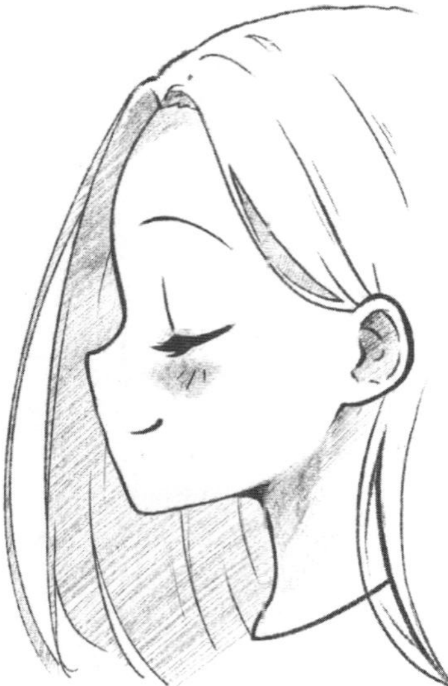

OJOS DE SORPRESA

Al sorprenderse, los personajes abren los ojos de par en par. Este es un reflejo físico, para que entre rápidamente la mayor cantidad de luz posible en el ojo y podamos ver mejor lo que está pasando. Puedes representarlo dibujando el iris de manera que no toque el borde exterior del ojo. También puedes hacer que la forma de los ojos sea un poco más ovalada, para mostrar lo abiertos que están.

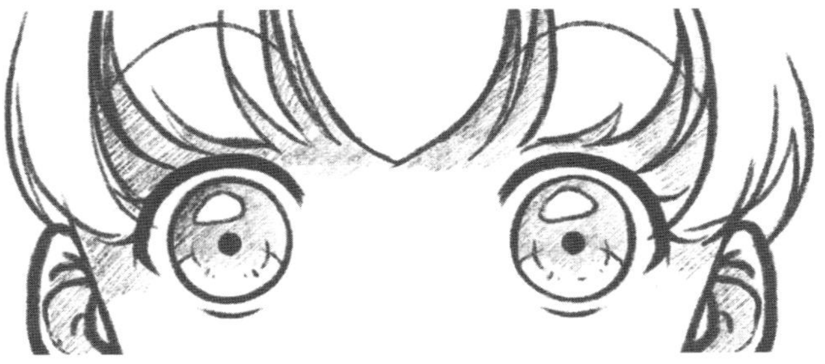

La diferencia entre sorpresa y miedo radica en las cejas: con las cejas arqueadas hacia arriba y suavemente curvadas, el personaje parece sorprendido.

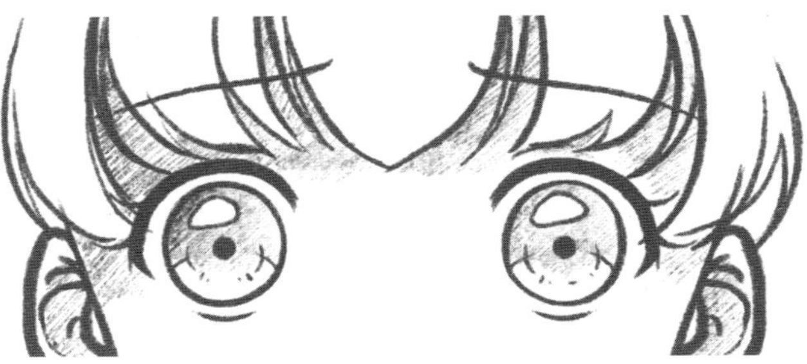

Si las cejas son más rectas o apuntan hacia abajo en los lados exteriores, la mirada parece más rígida y el personaje asustado.

OJOS TRISTES

Las cejas también juegan un papel importante en los ojos tristes: suelen estar inclinadas hacia afuera y ligeramente elevadas en el centro. A partir de esto, hay varias maneras de dar a tu personaje una expresión triste.

Si el personaje llora, los ojos se entrecierran ligeramente. Las lágrimas hacen que el ojo sea más vidrioso y se crean reflejos de luz que se difuminan entre sí.

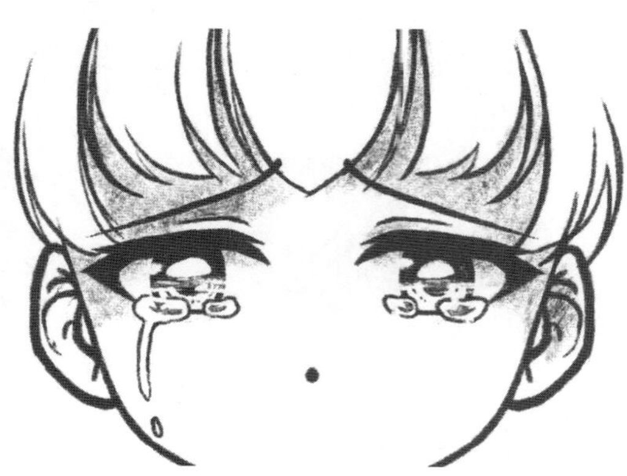

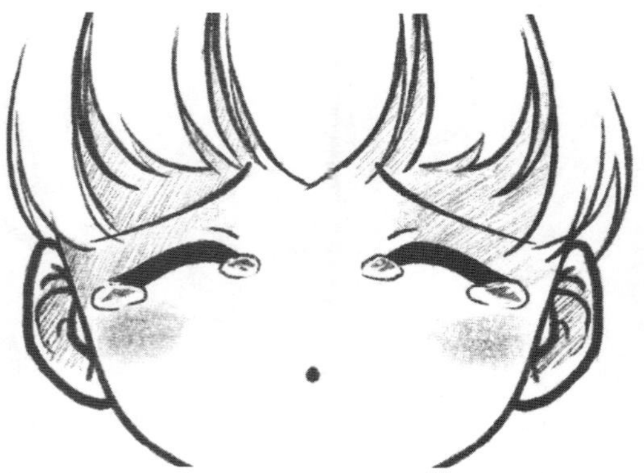

Los ojos también pueden estar cerrados al llorar. Dependiendo de si están arqueados hacia arriba o hacia abajo, será un llanto fuerte y doloroso, o bien un llanto silencioso.

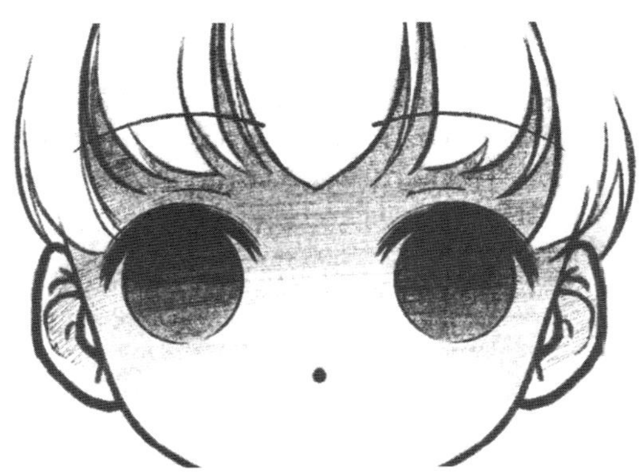

Si quieres mostrar que el personaje se siente vacío o impotente, puedes lograrlo representando el ojo sin reflejos de luz ni pupila, creando solo un ligero degradado de oscuro a claro a través de todo el iris.

CONSEJO

Las lágrimas se acumulan en las esquinas de los ojos, desde donde se vierten. Siguen una ligera curva con la forma de las mejillas. Para que parezca realmente «líquido», puedes interrumpir el contorno en el medio y hacer que la parte que queda «detrás» de la lágrima sea un poco más clara. Completa las lágrimas con un borde blanco en el exterior.

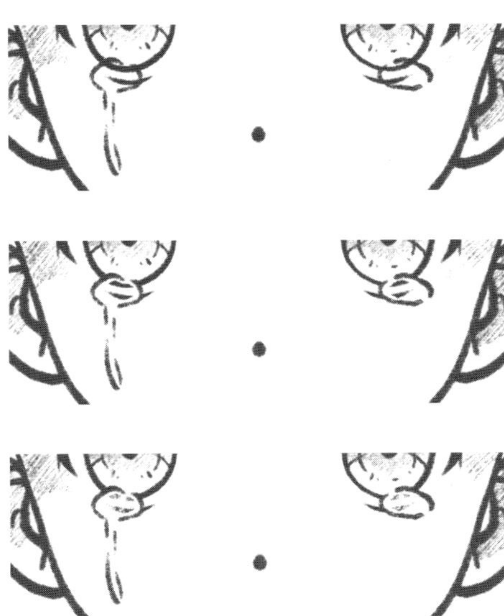

OJOS ENOJADOS

Los ojos enojados pueden parecerse a los sorprendidos, porque también están muy abiertos. Sin embargo, las cejas están más bajas y se forman pequeñas arrugas. Los ojos enojados se pueden representar ligeramente fruncidos, y aquí las cejas juegan también un papel importante para transmitir la emoción.

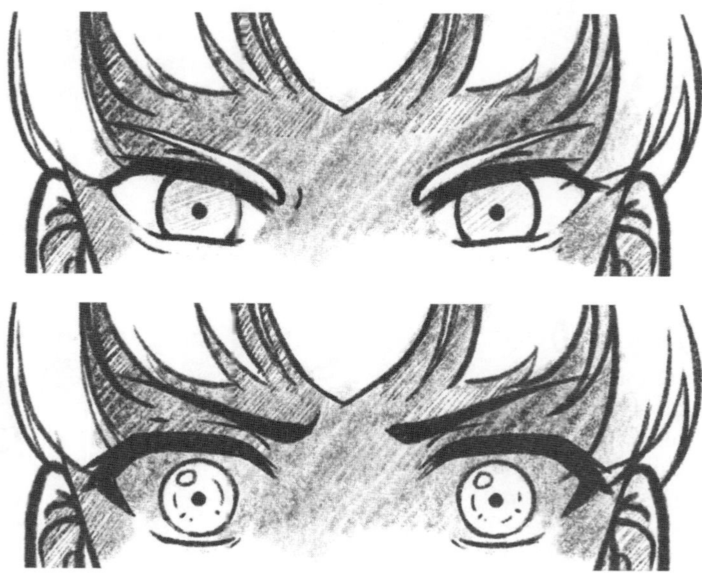

CONSEJO

A menudo, las emociones como la ira y la tristeza se mezclan. En tal caso, puedes agregar lágrimas a los ojos enojados.

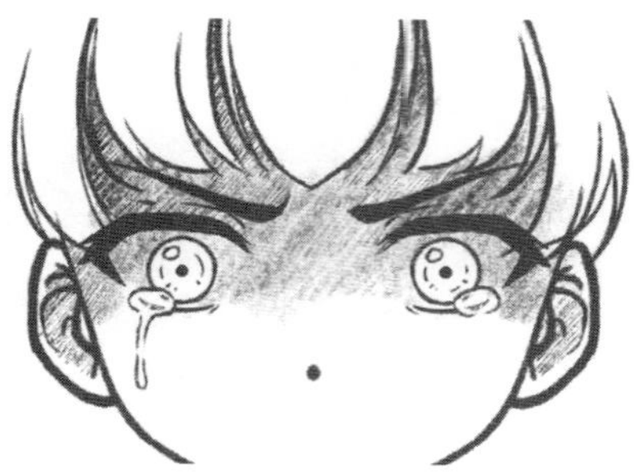

REPRESENTAR LAS EMOCIONES CON LA BOCA

Además de los ojos y las cejas, la boca es el rasgo más importante de la mímica humana. Básicamente, se puede decir que, con las emociones positivas, las comisuras de la boca apuntan hacia arriba, y con las negativas, hacia abajo. Pero hay muchas otras expresiones que se pueden representar con la boca. Vamos a verlas.

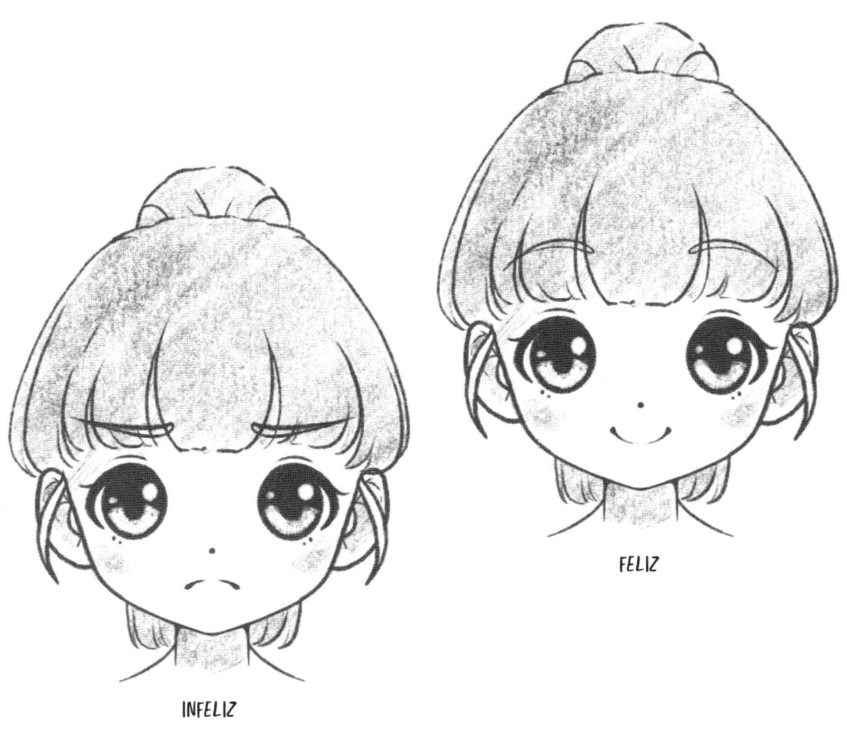

EMOCIONES CON LA BOCA ABIERTA

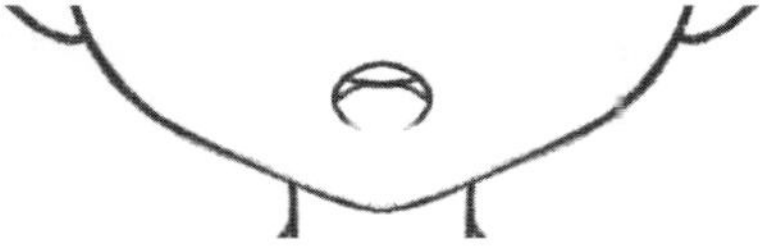

Boca en forma de O: esta forma indica sorpresa o expresión neutral.

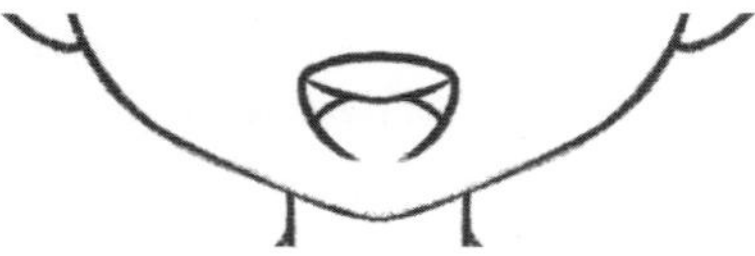

Triángulo con esquinas redondeadas: una boca tan abierta muestra que el personaje está alegre o hablando.

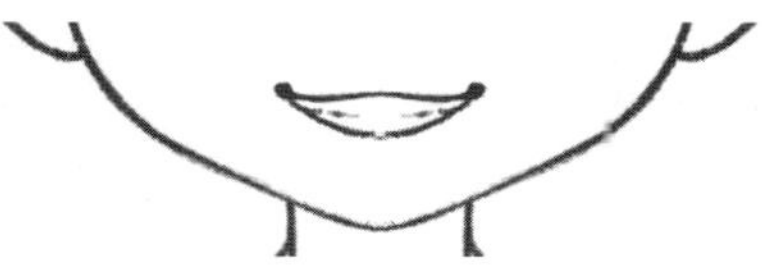

Forma de plátano: con esta forma puedes insinuar una boca sonriente. Las filas de dientes se separan por una línea interrumpida.

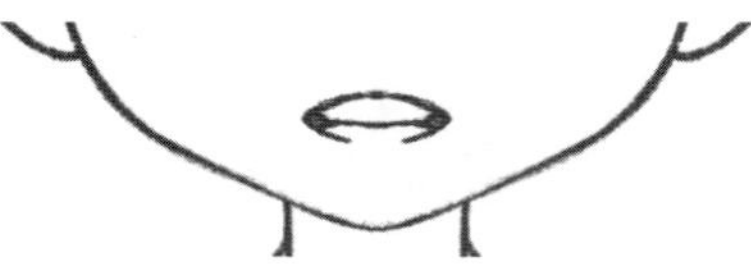

Óvalo: otra opción para una boca abierta neutra o hablando.

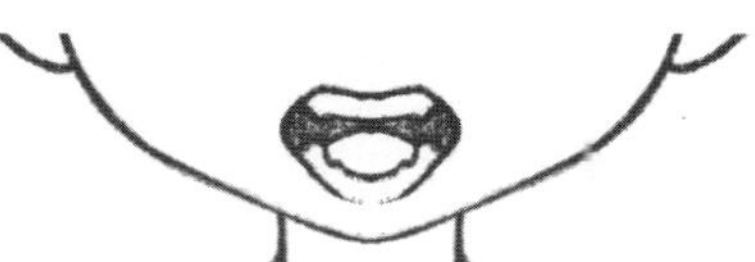

Boca en forma de corazón: si la forma de la boca recuerda a un corazón anguloso, la expresión es más enérgica, casi enojada.

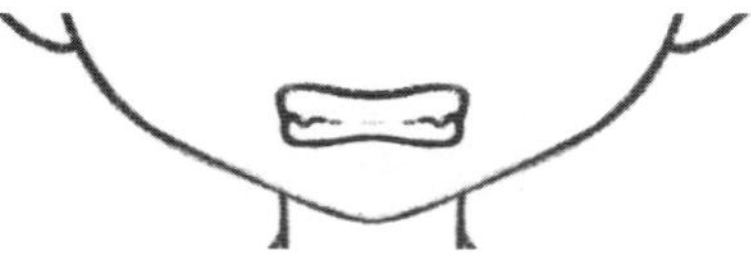

Forma del hueso: esta es una buena manera de dibujar dientes apretados. Una vez más, la línea de los dientes está ligeramente interrumpida.

EMOCIONES CON LA BOCA CERRADA

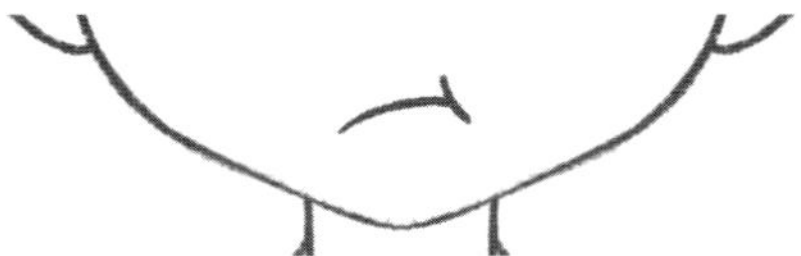

Un trazo inclinado con una curva en el lateral es una buena manera de dibujar un personaje que se siente ofendido. Esto muestra que una mejilla está inflada de aire.

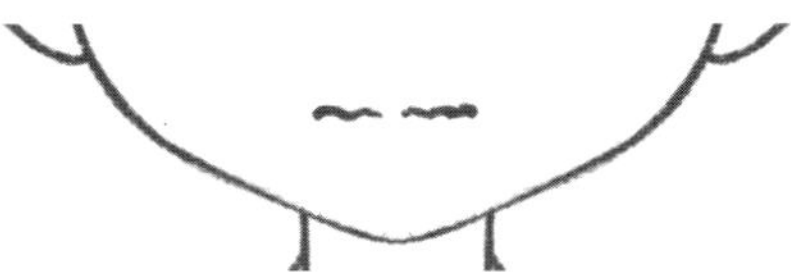

Una línea ondulada o dentada e interrumpida muestra malestar o un ligero pánico, por ejemplo, cuando un personaje se siente presionado.

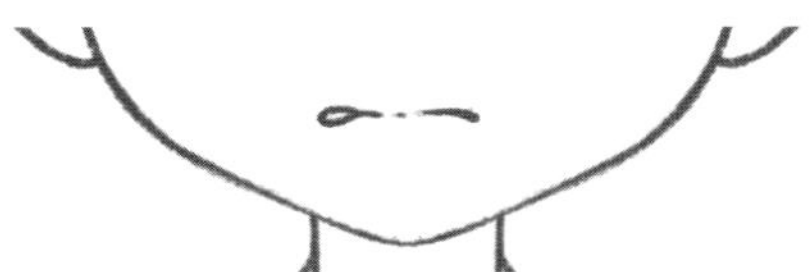

Si el personaje se muerde ligeramente el labio inferior, puede ser un signo de alguna emoción negativa, como enfado o nerviosismo.

DIRECCIÓN DE LA MIRADA E INCLINACIÓN DE LA CABEZA

Para hacer que las emociones queden más claras, conviene tener en cuenta la dirección de la mirada o la inclinación de la cabeza. Por lo tanto, es más probable que un personaje que se alegra se vuelva hacia el espectador que un personaje que se siente mal en ese momento y prefiere estar solo. Pero echemos un vistazo a algunos ejemplos.

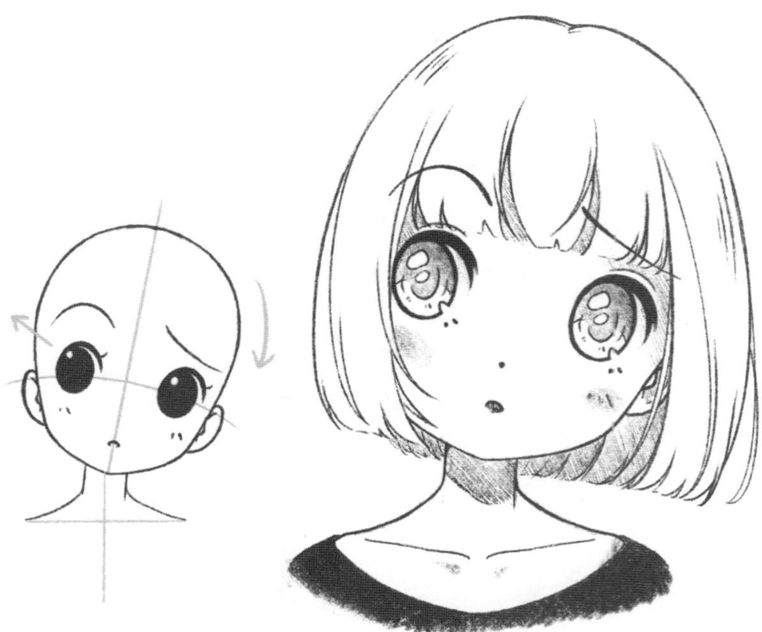

INTRIGADA/PENSATIVA

Cuando pensamos o tratamos de recordar algo, nuestra mirada se suele dirigir hacia arriba, a derecha o izquierda. Para reforzar aún más esta dirección de la mirada, la cabeza también se inclina hacia un lado. En este caso, asegúrate de que el cabello siga la gravedad y, por lo tanto, también caiga del lado en el que se inclina la cabeza.

CONSEJO

Si tu personaje mira hacia arriba a la izquierda, dibuja también el reflejo de luz en el ojo en la esquina superior izquierda. Esto refuerza la dirección de la mirada.

ILUSIONADA

Si un personaje está lleno de esperanza y con un estado de ánimo positivo, la mirada se dirige hacia el cielo, la cabeza cae hacia atrás: asegúrate aquí también de que el cabello sigue la gravedad. En este caso, el personaje tiene los ojos cerrados tranquilamente, pero también puede mirar hacia arriba.

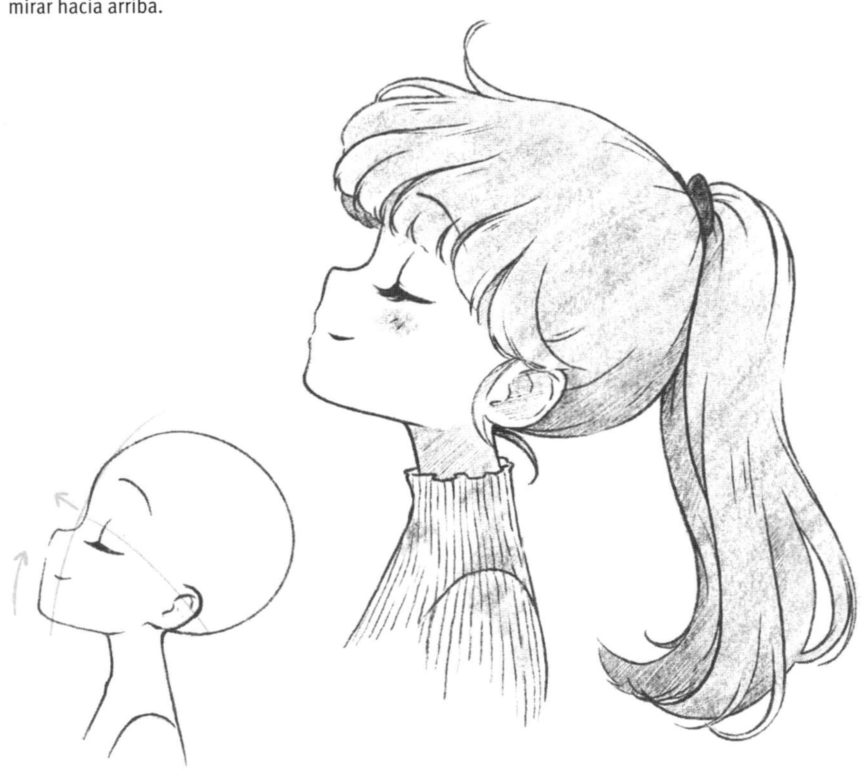

FURIOSO

Un personaje enojado inclina la cabeza hacia abajo y dedica a su contrincante una mirada fija: el objetivo de su ira está localizado. En esta perspectiva, los ojos, la boca y la nariz están visualmente más cerca, también podemos llamarlo una «perspectiva acortada».

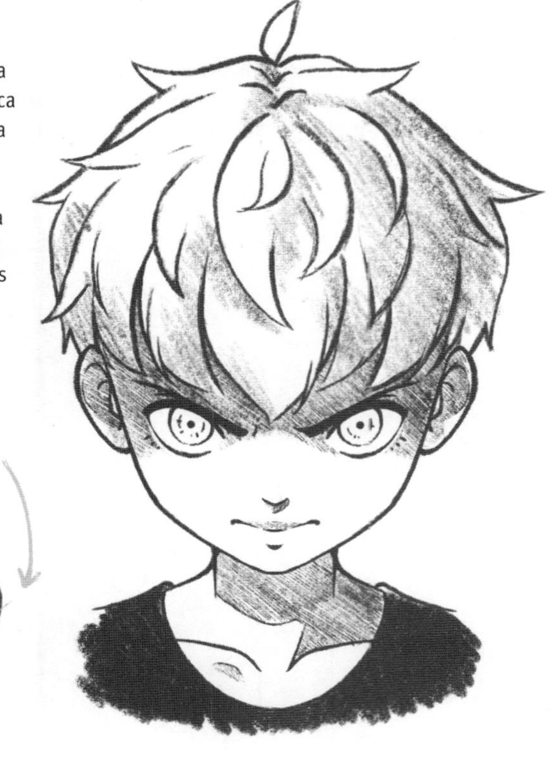

CONSEJO

Por lo general, asociamos «arriba» con las emociones positivas y «abajo» con las negativas. Esto también se refleja en nuestro lenguaje: podemos sentirnos «en el séptimo cielo», «en las nubes» o «dando saltos de alegría», pero también «por los suelos», «en horas bajas» o «de bajón». Tenlo en cuenta en la postura de tus personajes, si quieres representar estas emociones.

DESESPERADA

El cuerpo del personaje está torcido y la cabeza inclinada hacia abajo. El personaje mira por encima del hombro hacia abajo. Aquí el cabello también ayuda a reforzar la sensación de «bajada», ya que cae sobre la frente.

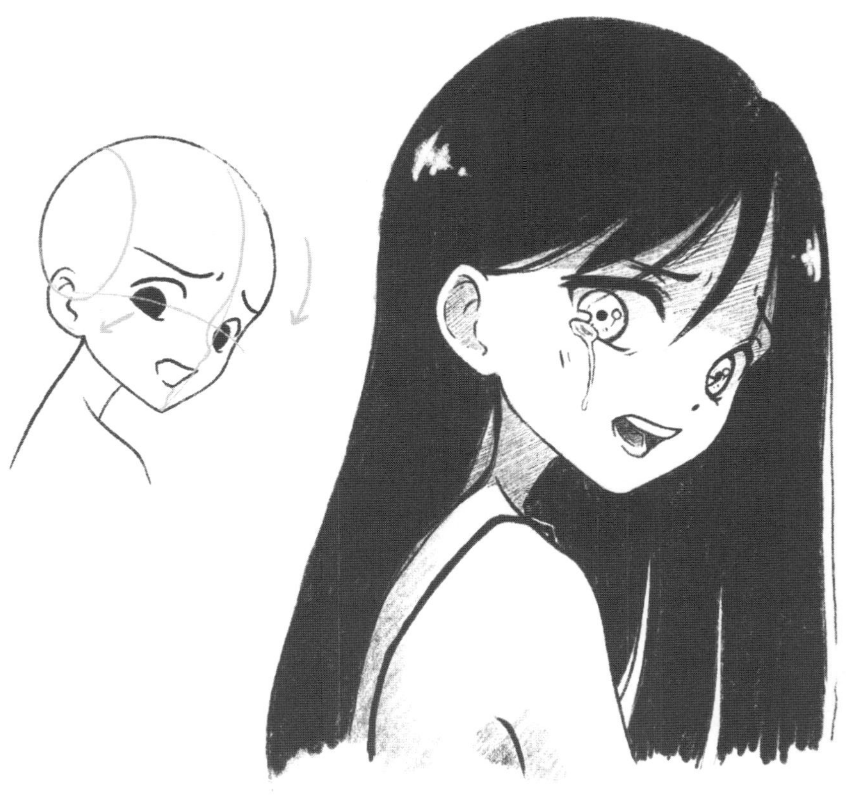

LENGUAJE DE FORMAS

En manga se suelen utilizar pequeños caracteres para aclarar aún más las emociones. Se utilizan especialmente en situaciones que se suponen divertidas y en las que los sentimientos no son tan profundos. Y lo mejor de todo: son súper fáciles de dibujar.

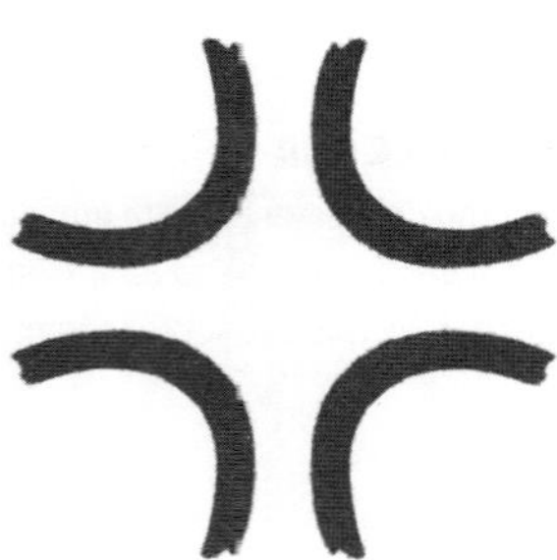

SONROJO

Cuando te alegras o te avergüenzas, la sangre se acumula en las mejillas y la cara se te pone roja. En el estilo manga, esto se puede representar con pequeñas líneas en las mejillas.

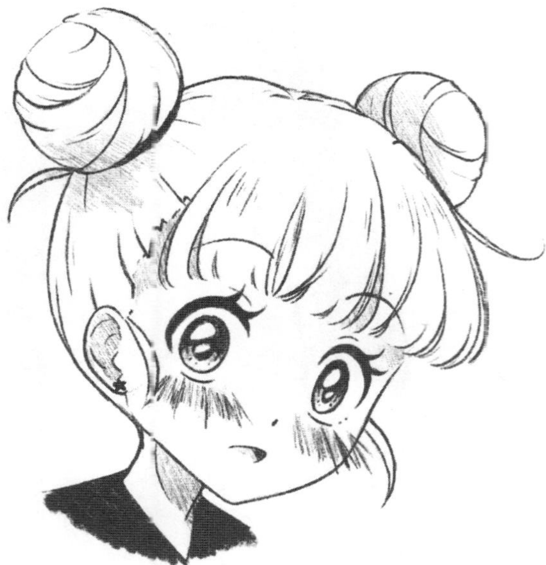

LAS LÍNEAS TAMBIÉN PUEDEN TENER FORMA DENTADA.

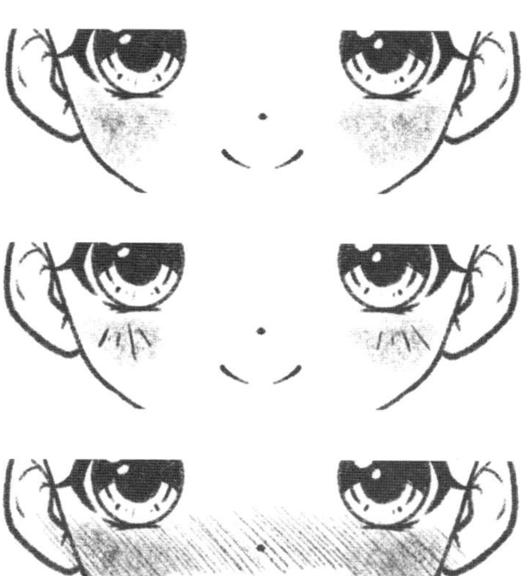

Dependiendo de cuánto se sonroja el personaje, puedes dibujar más o menos trazos, o incluso sombrear ligeramente las mejillas. Los trazos pueden estar solo en las mejillas o en toda la cara (o incluso más allá), dependiendo de lo vergonzoso que sea.

CONSEJO

Cuando los personajes beben de más, la cara se les pone roja. Las pequeñas «burbujas» flotando a los lados revelan aún más lo achispado que está.

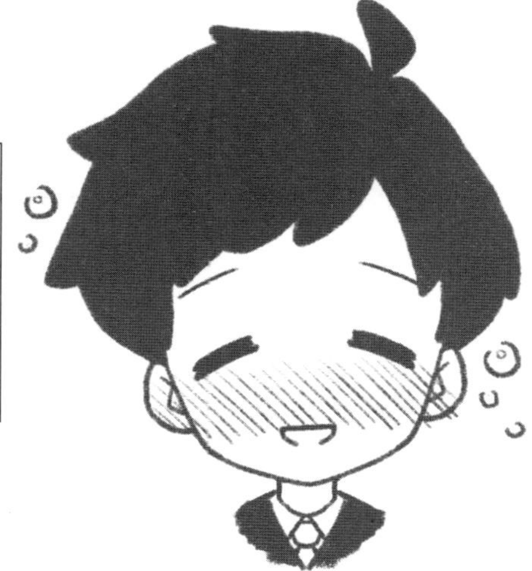

PERLAS DE SUDOR

Si te encuentras en una situación algo embarazosa o desagradable, empiezas a sudar. Esto lo puedes representar de varias maneras: una sola gota de sudor grande es más adecuada en situaciones cómicas.

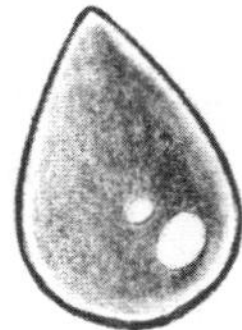

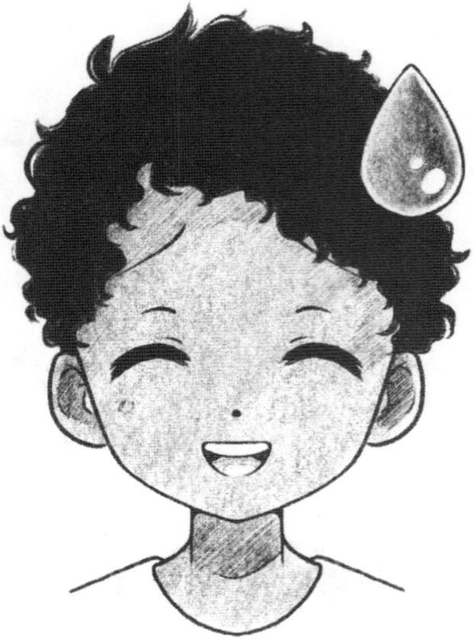

Varias gotitas de sudor en la cara son más realistas y se pueden usar en escenas más serias.

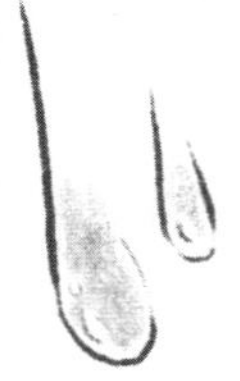

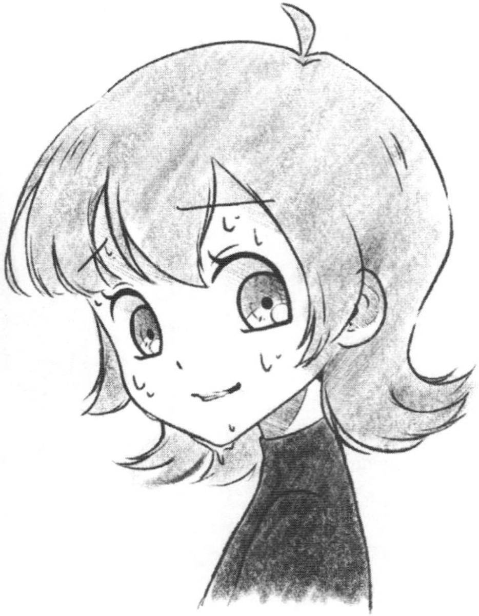

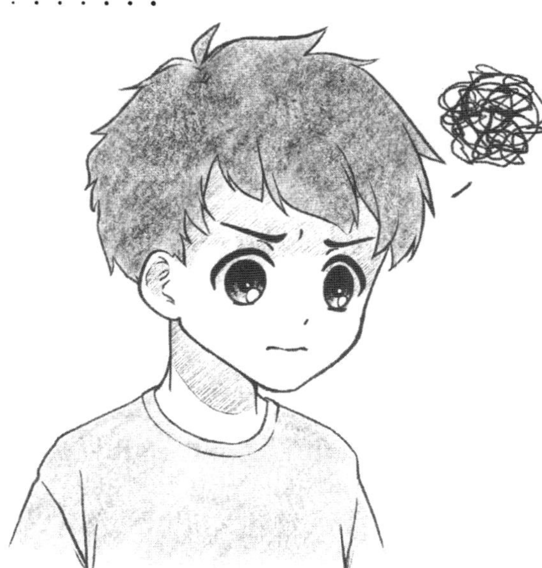

CAVILAR

Un gran garabato junto a la cabeza de un personaje puede indicar que está enfadado o preocupado por algo. Simplemente dibuja líneas irregulares con la forma aproximada de una «bola».

VENA HINCHADA

Estas «cruces» se suelen usar para hacer que un personaje parezca particularmente enojado. Simbolizan las venas de la frente que se hinchan cuando te sientes furioso. Puedes usar una o colocar varias de diferentes tamaños alrededor de la cabeza del personaje o bien en la misma frente.

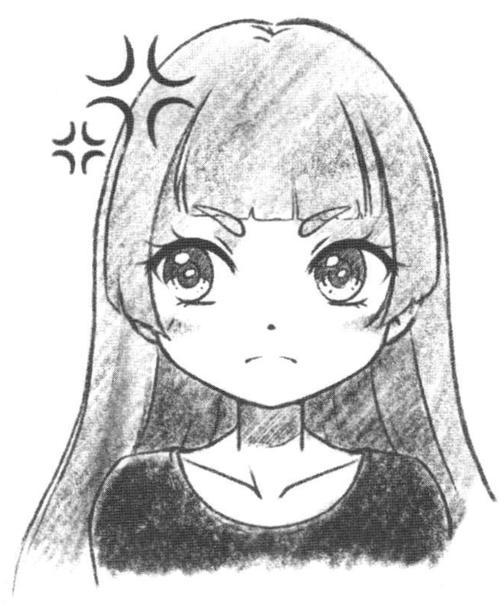

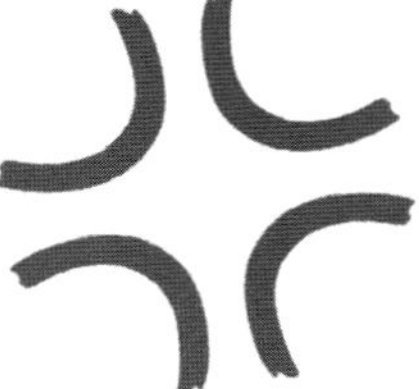

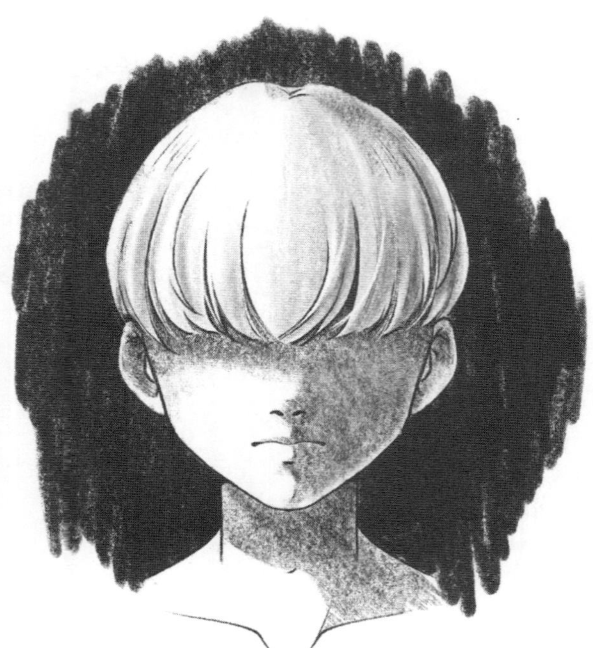

SOMBRAS

En la literatura se suele decir que «una sombra se cierne sobre los ojos del personaje». Podemos tomárnoslo al pie de la letra y sombrear completamente el área que ocupan los ojos. El fondo oscuro le da un aspecto impresionante.

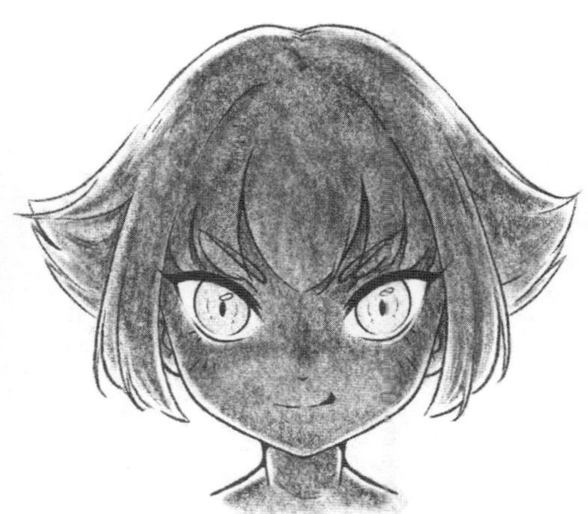

Además, la dirección desde la que la luz incide sobre el personaje también puede ayudar a reforzar las emociones en una situación dada: si la luz viene de atrás, por ejemplo, el personaje resulta más amenazante y aterrador. Para lograr este efecto, utiliza una goma de borrar para sacar las luces de los bordes.

BOCADILLOS Y SONIDOS

Los bocadillos de diálogo y sonidos sirven para hacer que una determinada emoción quede más clara. Los bocadillos de diálogo pueden contener, por ejemplo, símbolos como corazones, notas musicales o asteriscos, y los signos de interrogación o exclamación pueden reforzar aún más una expresión. Además, a menudo se añaden onomatopeyas como «¿Eh?», «Grr» o «Pff» junto a los personajes, para transmitir una imagen acústica de la situación.

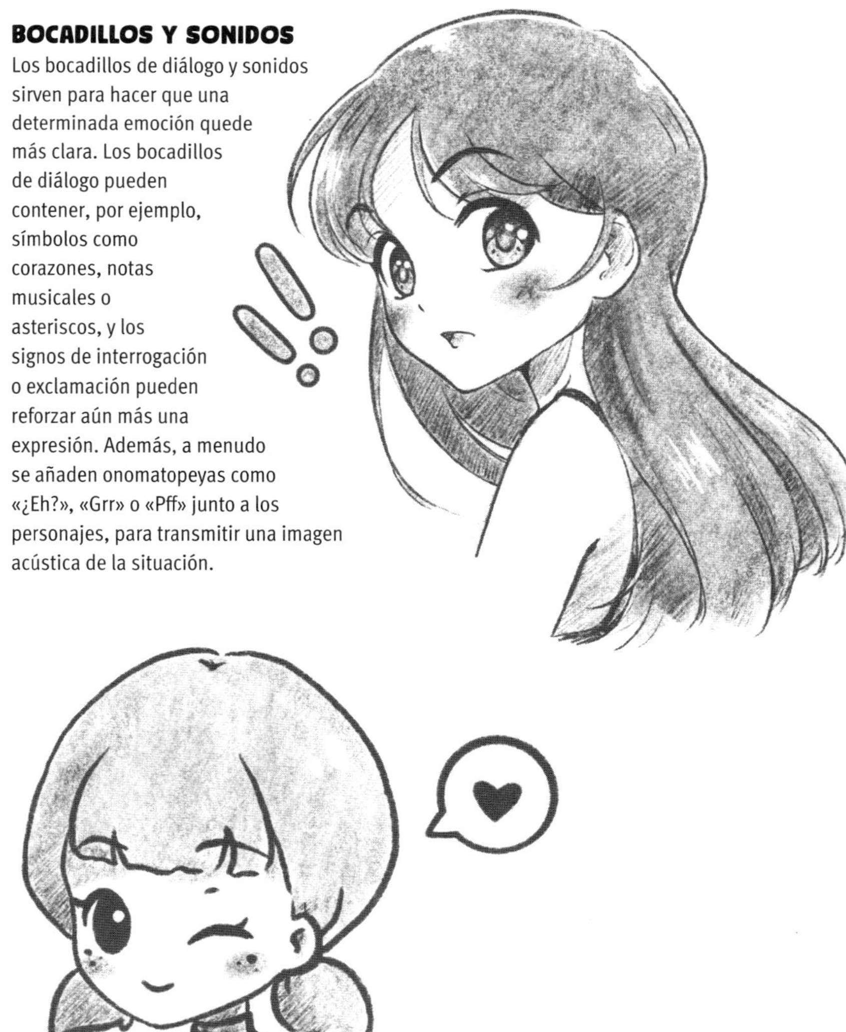

CONSEJO

La forma de los bocadillos también refuerza la emoción en cuestión: los bocadillos de diálogo redondos en forma de «nube» son adecuados para expresiones alegres, mientras que los dentados, insinúan gritos.

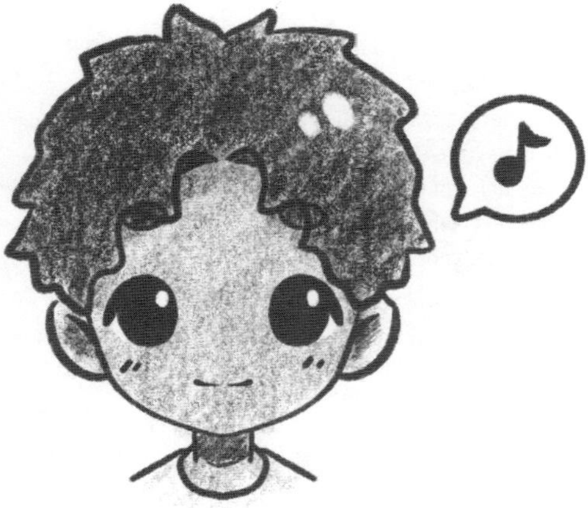

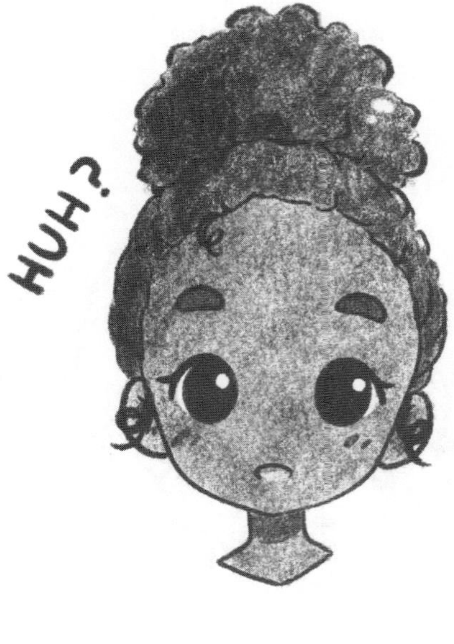

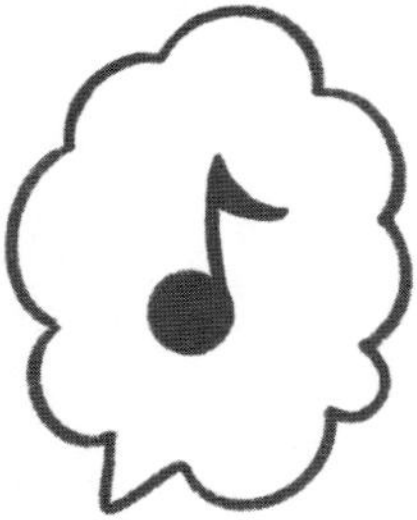

HUH?

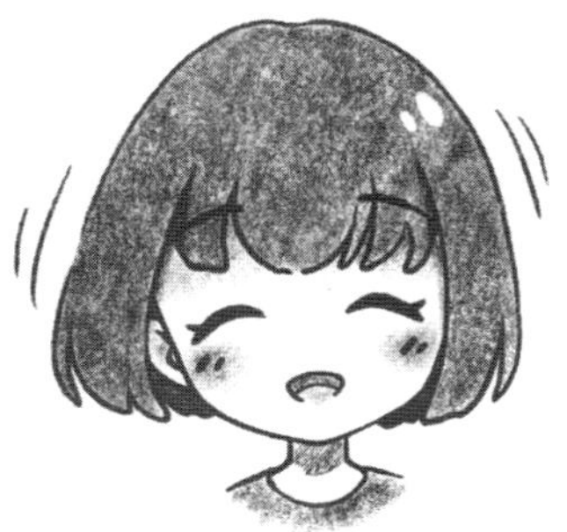

LÍNEAS

Las líneas sueltas se pueden utilizar para amplificar las emociones o aclarar los movimientos de los personajes. Por ejemplo, muchas líneas centradas en un personaje pueden reforzar una situación emocional, al centrar el foco en la cara del personaje.

Se pueden marcar dos curvitas para sugerir el ligero movimiento de la cabeza al reír. Estas líneas también se pueden utilizar para asentir, sacudir la cabeza o girarse, ilustrando el movimiento del personaje.

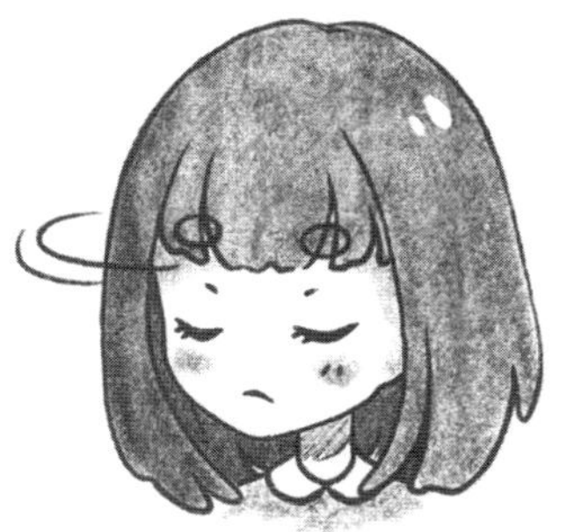

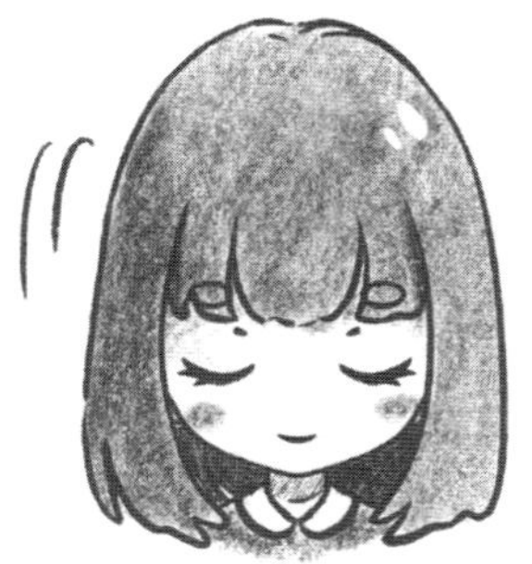

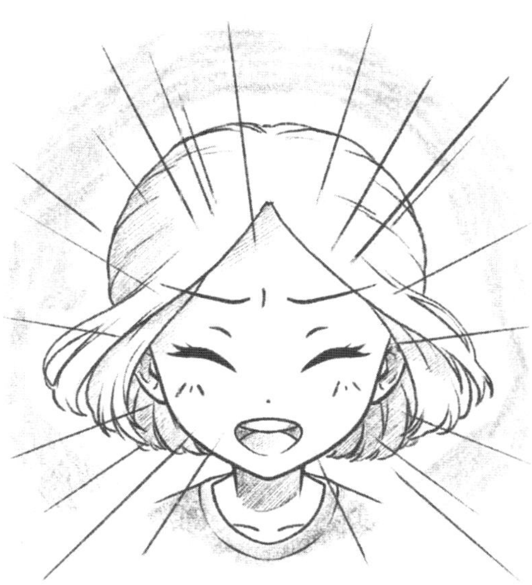

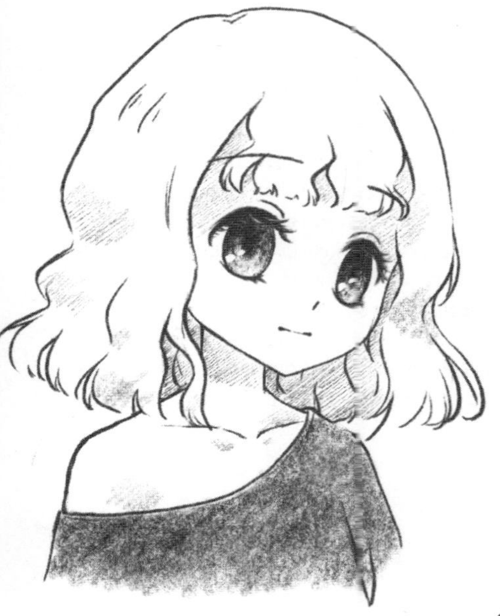

INTENSIDAD DE LAS EMOCIONES

En una emoción hay diferentes niveles. Ya sabes: a veces una cosa te hace un poco de gracia y en otras ocasiones apenas puedes contener la risa. Cuanto más fuerte sea la emoción, más exagerada se puede presentar con las características que has aprendido hasta ahora.

Si un personaje está un poco triste, puede mirar al suelo y tener una expresión facial seria.

Si se siente realmente mal, puede empezar a llorar. Las lágrimas se acumulan en la comisura de los ojos y las cejas se tuercen hacia afuera.

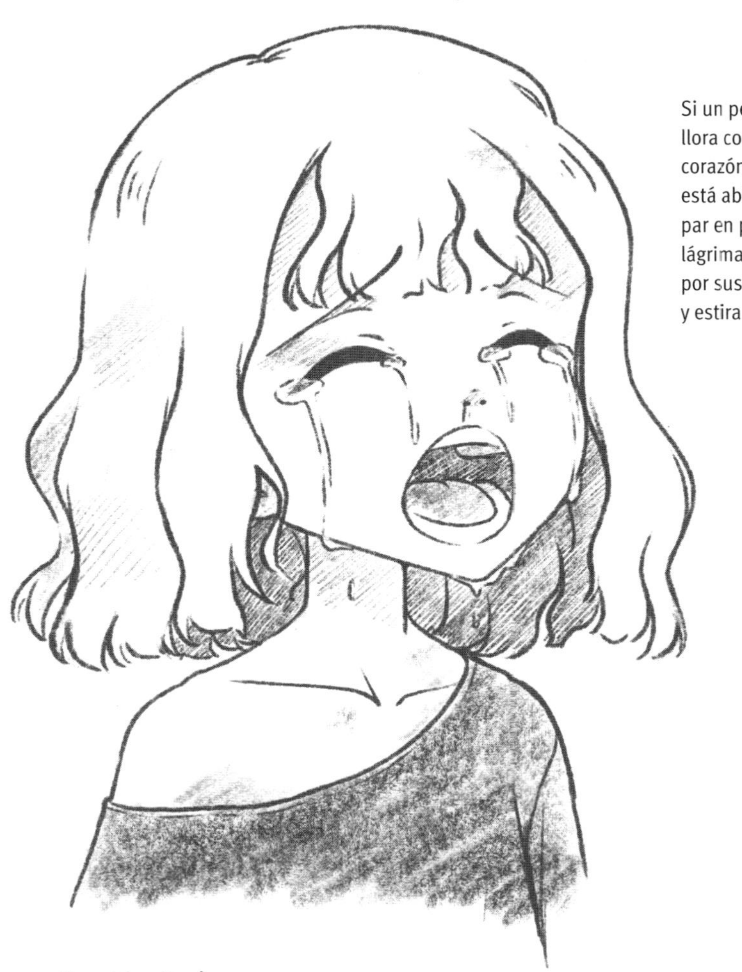

Si un personaje llora con todo su corazón, la boca está abierta de par en par, las lágrimas corren por sus mejillas y estira el cuello.

CONSEJO

Cuanto más fuerte es la emoción, más se agita todo el cuerpo. Mientras que los sentimientos más leves se manifiestan solo en los ojos y la boca, los más fuertes se reflejan en la cabeza, el cuerpo y las manos.

EMOCIONES EN LOS CHIBIS

Los chibis son personajes simpáticos y diminutos, especialmente adecuados para representar emociones de forma fuerte y exagerada. Aquí prácticamente no existen límites: por ejemplo, la boca puede expandirse más allá de la cara, los ojos pueden representarse como espirales o la cara puede quedar vacía. Comencemos con una breve introducción sobre cómo dibujar una cara en estilo chibi.

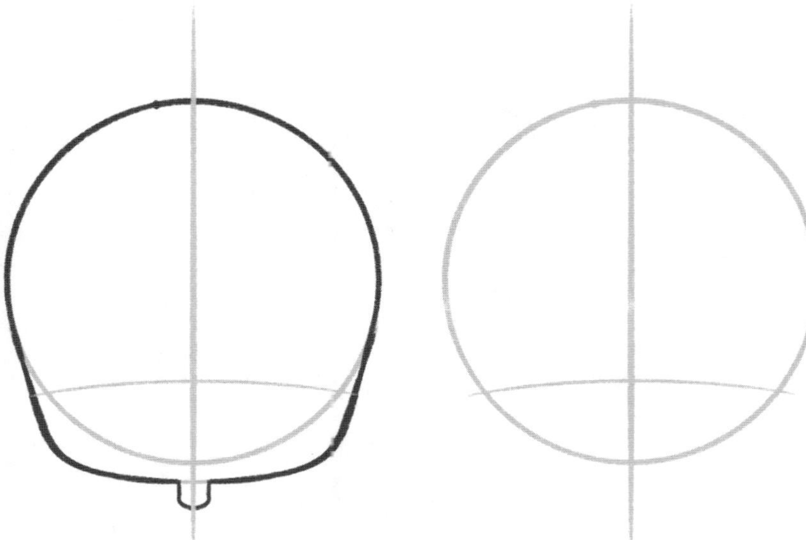

PASO 2 Ahora forma una cabeza a partir de tu círculo. La forma de la cara de un chibi es muy redondeada, a menudo no tienen barbilla y, a veces, las líneas circulares van directamente desde la cabeza hasta el cuello.

PASO 1 Al igual que con una cara normal de estilo manga, comenzamos con un círculo. Una vez más, dibuja una línea auxiliar a través del centro para que ambas mitades de la cara tengan el mismo tamaño.

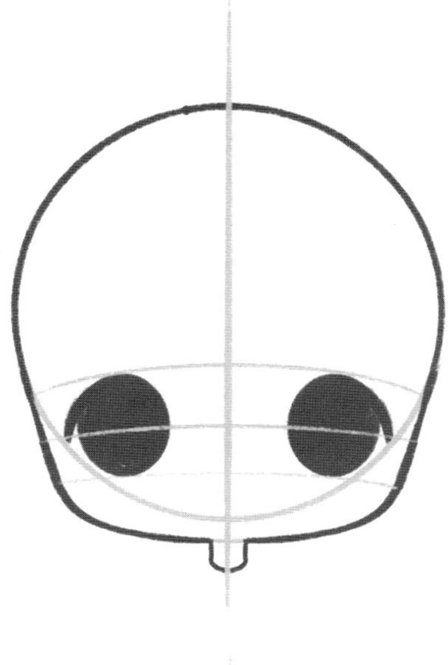

PASO 3 Ahora dibuja líneas auxiliares para los ojos. Como se supone que los chibis son tan monos, la boca y los ojos están muy cerca y muy abajo en la cara. Una vez más, primero dibuja un óvalo en ambas mitades de la cara.

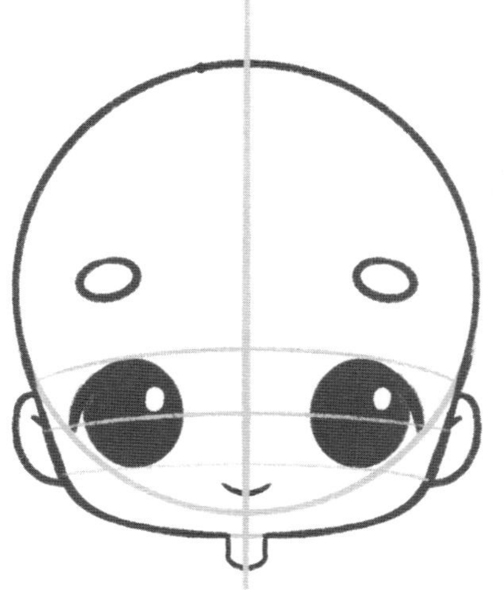

PASO 4 A continuación, hacemos la boca y las orejas. Además, puedes convertir los óvalos en ojos simplemente insinuando el arco superior de la forma del ojo. Si quieres mantener los ojos simples, basta con rellenarlos por completo y luego poner un reflejo de luz en un lado. Los pequeños óvalos sirven como cejas.

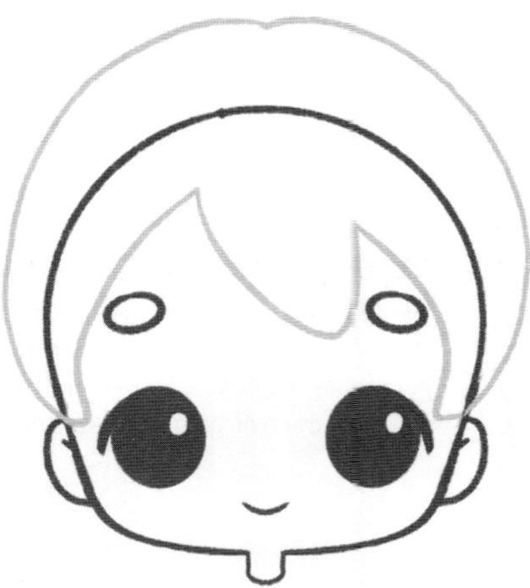

PASO 5 Es el turno del pelo. En el estilo chibi es muy simple y basta con dibujar la forma aproximada de los mechones.

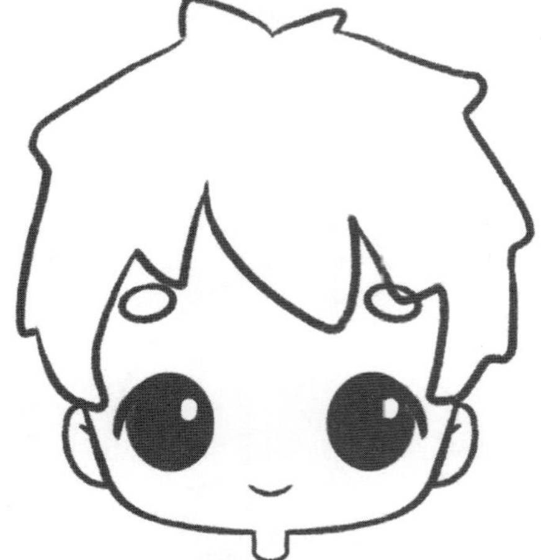

PASO 6 Si quieres que el personaje sea especialmente encantador, redondea los extremos de los mechones en lugar de dejarlos puntiagudos como de costumbre.

CONSEJO

En muchos mangas, durante las escenas especialmente divertidas, los personajes «se transforman» en pequeños chibis. Es una manera genial de representar la comedia.

EXPRESIONES FACIALES EN CHIBIS

En los chibis, las emociones son muy variadas y, afortunadamente, muy sencillas de representar con unas pocas líneas. Aquí te muestro algunos ejemplos de cómo quedan.

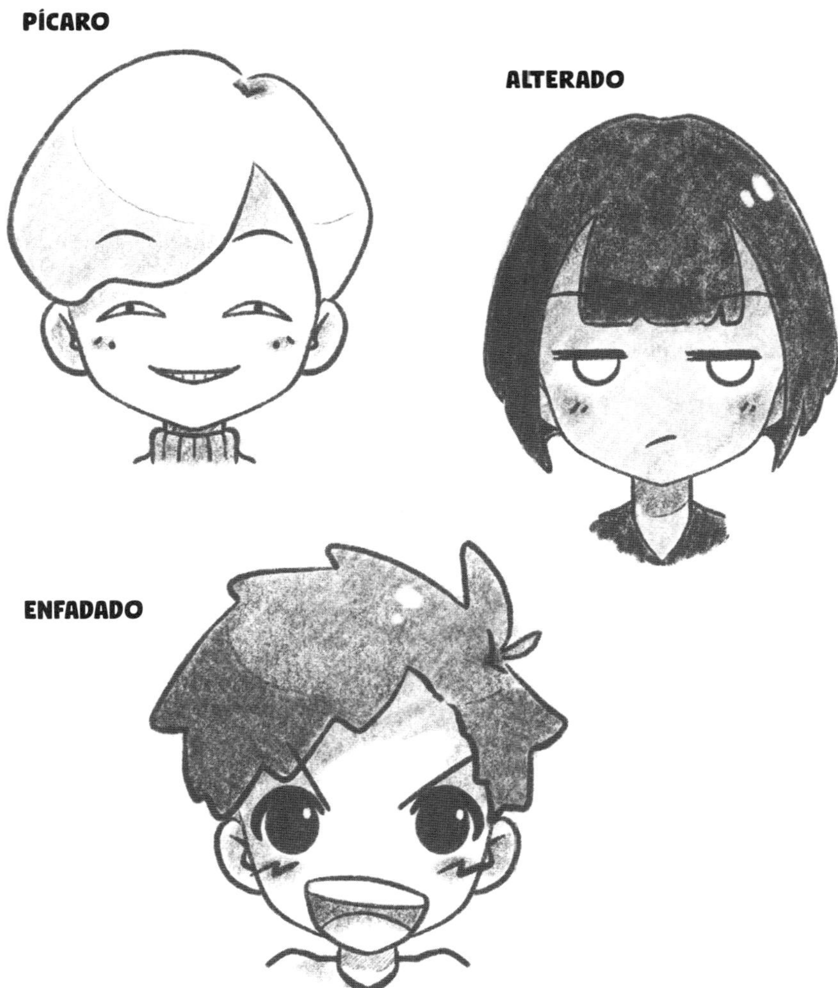

DESORIENTADA

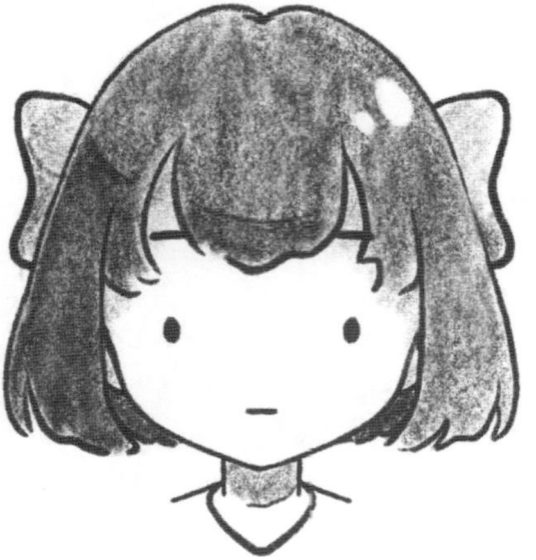

CONFUSO

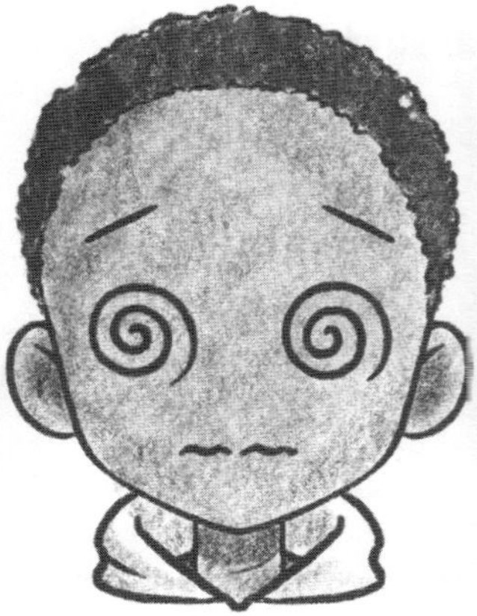

ENTUSIASMADO

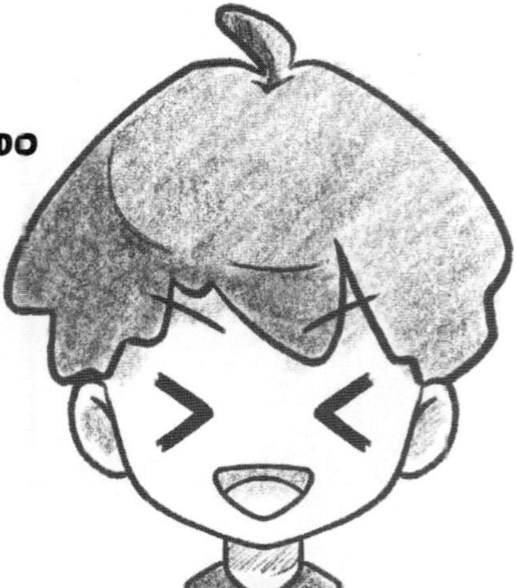

TRISTE

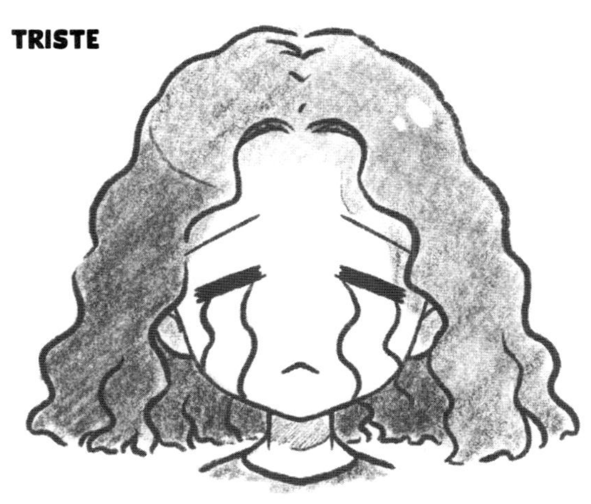

EN SHOCK

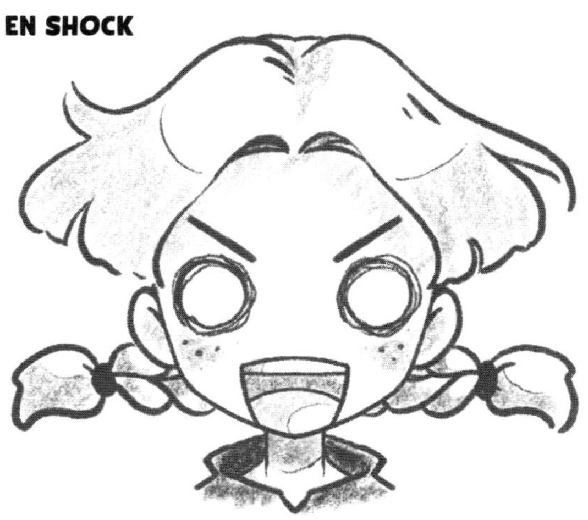

2

INSTRUCCIONES PASO A PASO

En las siguientes páginas vas a encontrar una serie de instrucciones que te van a permitir copiar paso a paso las diferentes ilustraciones de este libro. De esta manera tendrás muy pronto tus primeros trabajos terminados.

Si te apetece puedes cambiar los dibujos, por supuesto, fijándote en fotografías o imágenes de otros autores. En el tercer capítulo del libro encontrarás, además, una serie de ejemplos e inspiraciones que puedes integrar según tus propios gustos.

RESUMEN

Ha llegado el momento de aplicar todo lo que hemos aprendido. En este capítulo encontrarás estos seis ejemplos, explicados paso a paso hasta su conclusión.

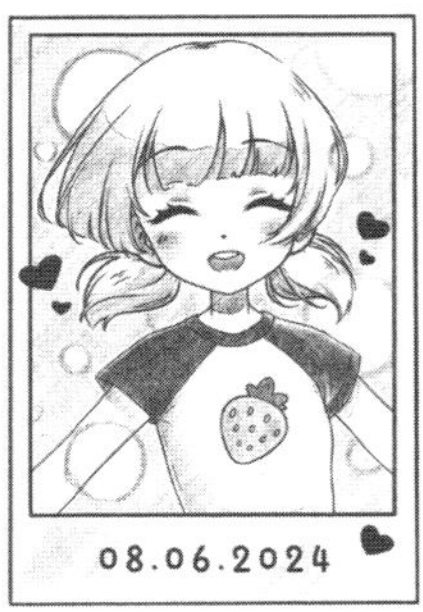

Página 66

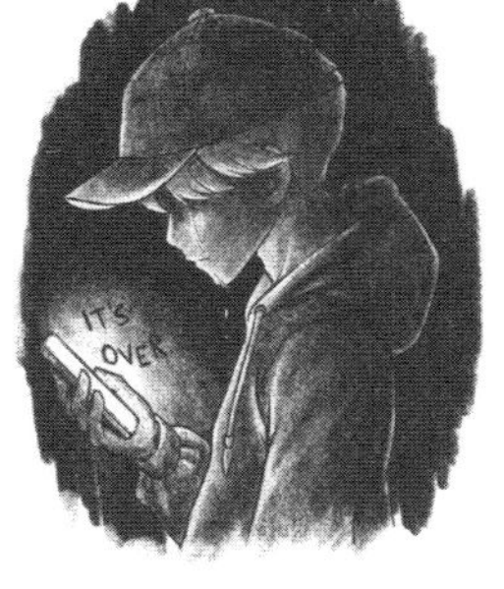

Página 73

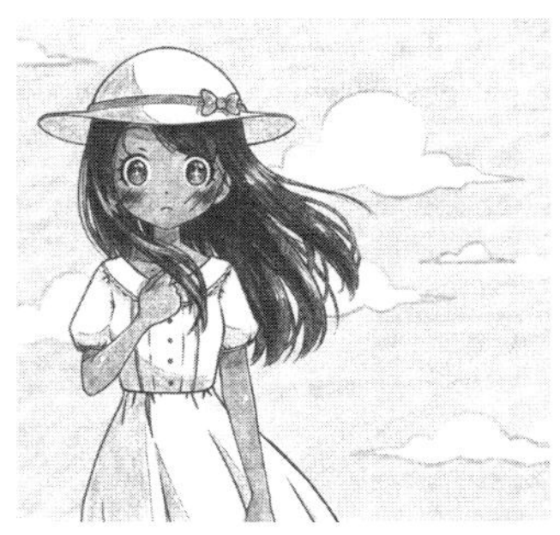

Página 80

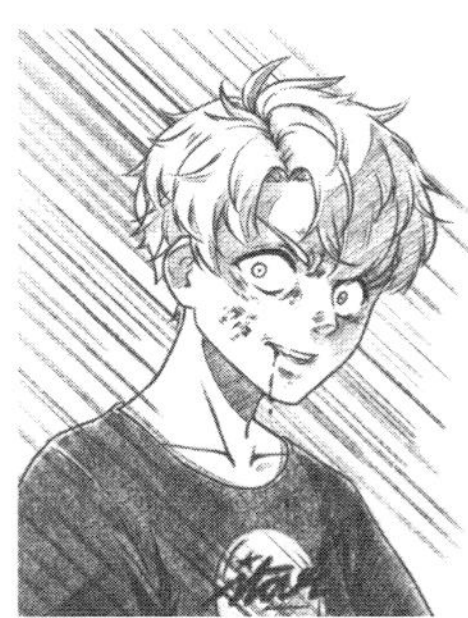

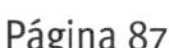

Página 87

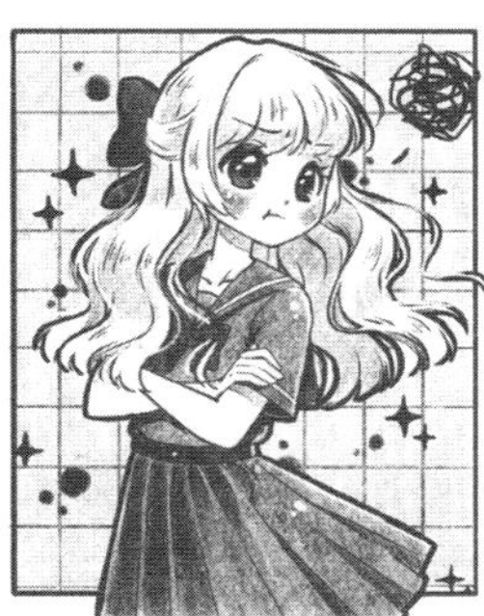

Página 94

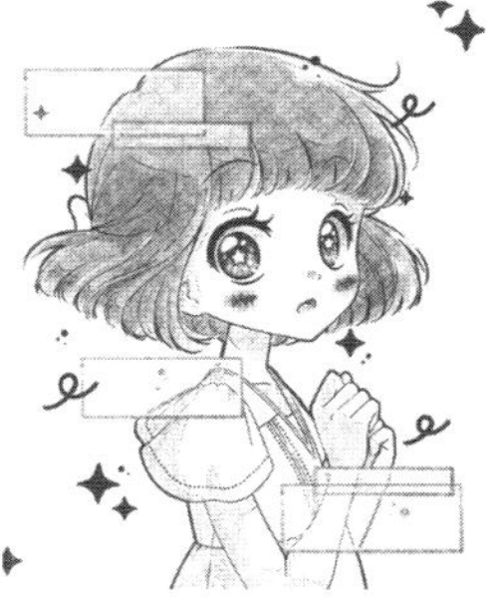

Página 101

CHICA FELIZ

Esta imagen tiene el aspecto de las fotos tomadas con una cámara instantánea, por eso resulta tan natural y espontánea.

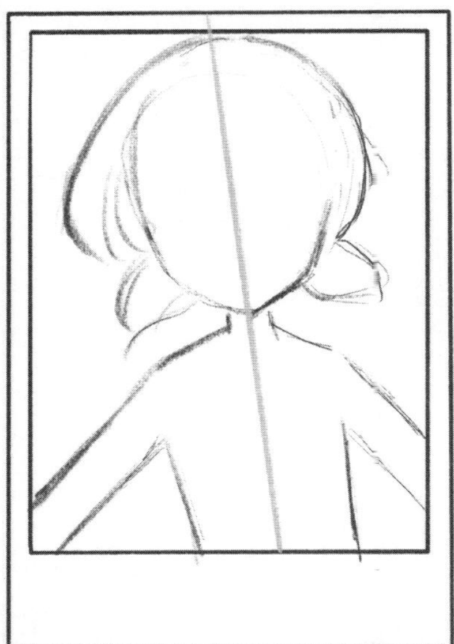

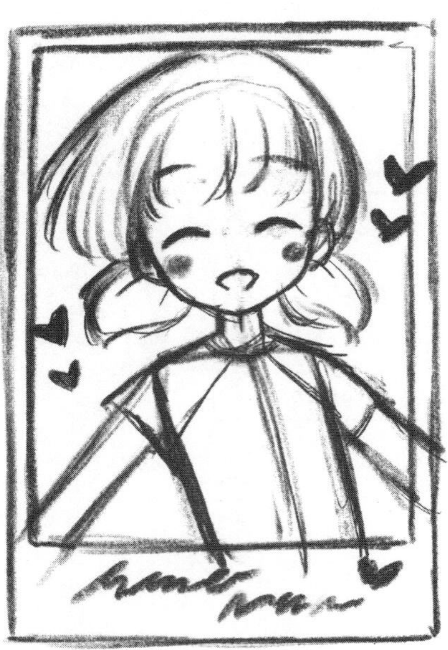

PASO 2 Primero dibuja el marco de la foto con la ayuda de una regla o un transportador de ángulos. A continuación, dibuja a grandes rasgos la posición de tu personaje. Esto sirve para mantenerte fiel a tu composición y tener suficiente espacio para el personaje dentro del marco. Puede ser de ayuda trazar una línea para determinar su inclinación aproximada.

PASO 1 Al empezar un nuevo dibujo, primero debes crear las llamadas «thumbnails», que significa uña del pulgar en inglés y designan las miniaturas de bocetos rápidos que ayudan a determinar la composición de la imagen y a concretar una idea. Haz varias de una vez, para poder decidir qué pose te gusta más.

PASO 3 A partir de aquí, puedes comenzar a construir el personaje paso a paso. Ya has aprendido a dibujar una cabeza: para la parte superior del cuerpo, puedes dibujar primero una especie de «figura de palitos» incluyendo las articulaciones de los hombros y los codos.

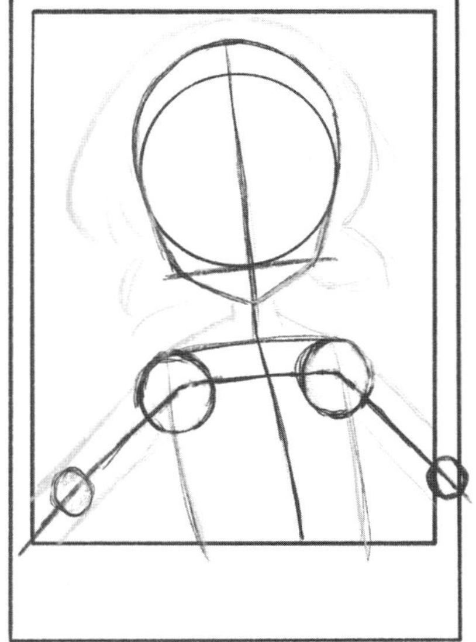

PASO 4 Ahora comienza a dibujar el cuerpo un poco más ordenado. Define primero la cabeza y marca la línea para el centro de los ojos. También puedes indicar las orejas. Dibuja el cuello, del que salen los hombros inclinados hasta las bolas de las articulaciones.

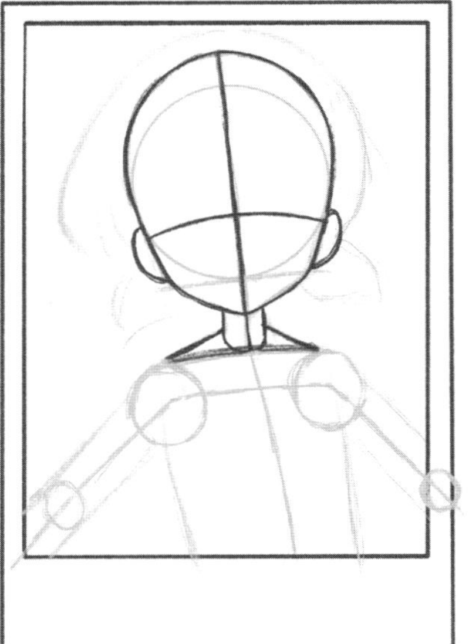

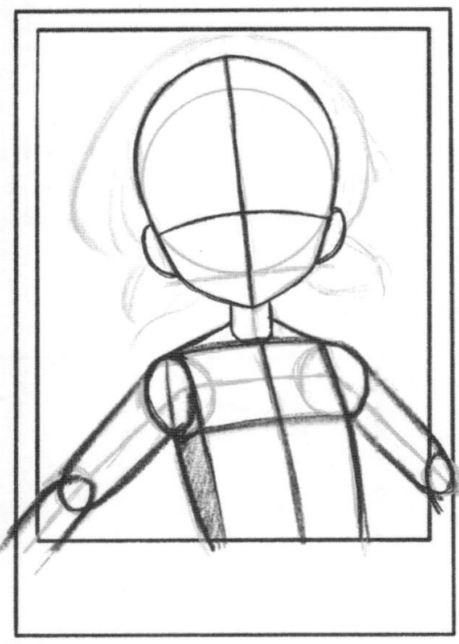

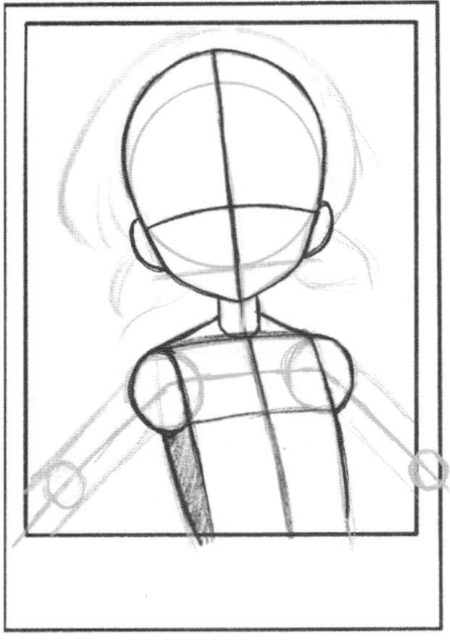

PASO 6 A partir de las articulaciones del hombro, puedes dibujar los brazos. En primer lugar, basta con la forma aproximada, que puedes imaginar como una «U» muy larga. De esta manera, ya tendrás hecho lo esencial.

PASO 5 A continuación, vamos con la parte superior del cuerpo. Como está ligeramente girada hacia la derecha, casi puedes verla «desde el lado» izquierdo. Por eso solo se ve la mitad de la bola articulada derecha. Si conectamos ambas bolas con un trazo, veremos que son del mismo tamaño.

CONSEJO

Para dibujar cuerpos u objetos, te ayudará dividirlos en formas geométricas, como bolas y cajas. Así entenderás mejor cómo funciona lo que dibujas. Es muy importante que no solo copies trazo por trazo lo que ves, sino que también entiendas por qué pones los trazos y en qué lugar, ya que esto te permitirá diseñar más adelante tus propios dibujos mucho mejor.

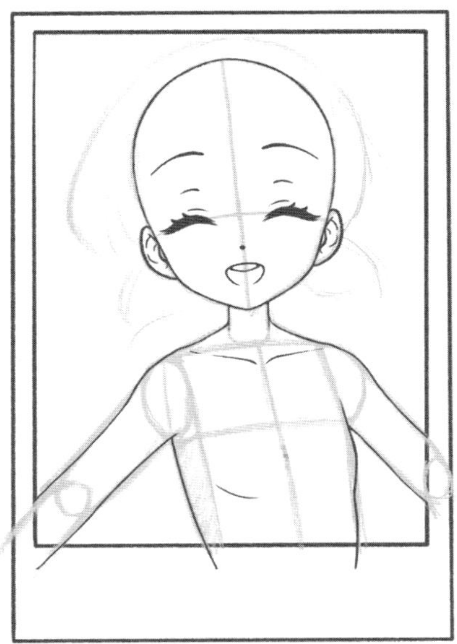

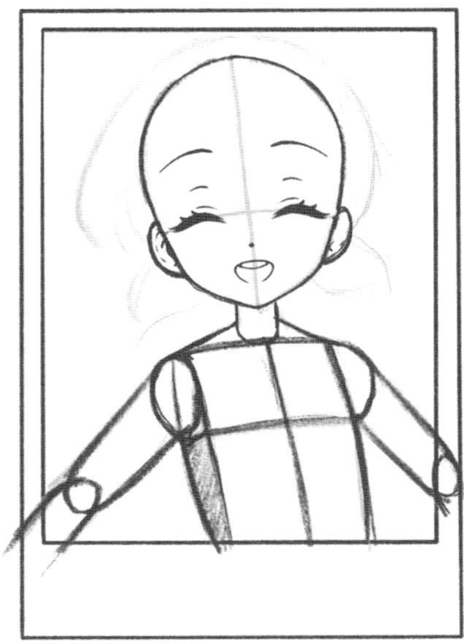

PASO 8 Ahora puedes darle forma a la parte superior del cuerpo. Los brazos no son, en realidad, líneas rectas, sino que en algunos puntos tienen diferente grosor. Forman un pequeño arco en el hombro, luego son relativamente rectos y se vuelven más anchos hacia los codos. También puedes dibujar la clavícula.

PASO 7 Borra las líneas de guía del principio para que el dibujo se mantenga limpio. A continuación, ya puedes dibujar la cara: dos ojos felices cerrados y una boca abierta y sonriente.

PASO 10 Para que el cabello quede natural, lo dividimos en mechones. Como el personaje está en movimiento, el pelo se balancea ligeramente hacia la izquierda, por lo que se ve más la oreja izquierda que la derecha. Primero puedes marcar mechones más anchos y dividirlos en el segundo paso, o agregar pelos sueltos que se crucen sobre los demás.

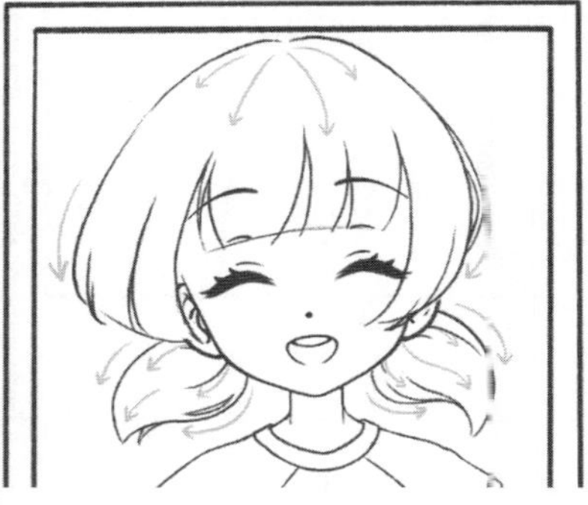

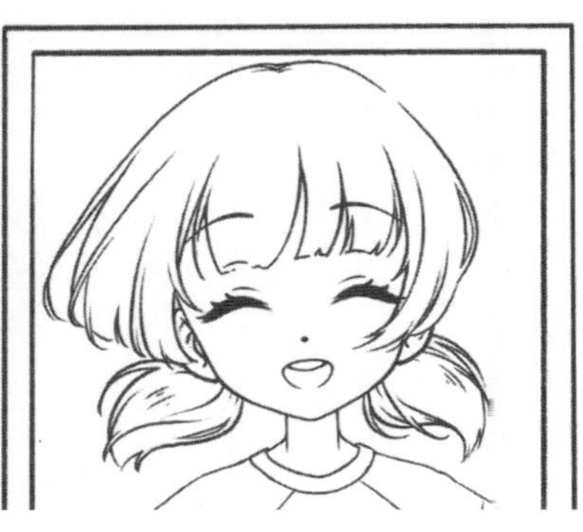

PASO 9 Ya puedes eliminar todas las líneas auxiliares del torso y la cara, y dibujar la ropa del personaje. Esta va un poco separada del cuerpo y forma ligeras arrugas en las mangas. Además, puedes repasar la forma básica del cabello.

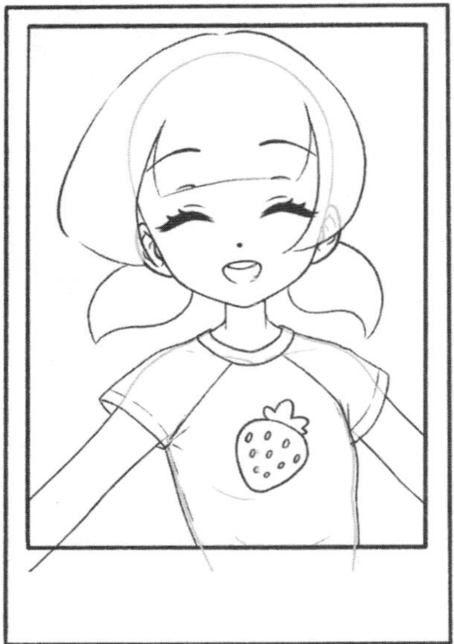

CONSEJO

Dado que la parte superior del cuerpo está ligeramente girada hacia la derecha, se puede ver un poco el interior de la manga izquierda, pero no de la derecha.

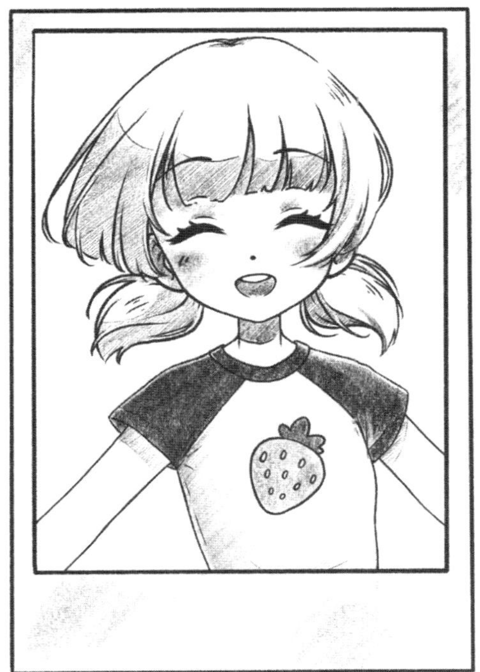

PASO II Si quieres añadir sombras, piensa primero en la dirección de la que viene la luz: en este caso, desde la parte superior derecha. Esto significa que, por ejemplo, se forman sombras duras debajo del flequillo, el cuello o las mangas. Puedes suavizar las sombras sobre la camiseta o la cabeza. En el caso de los dibujos en blanco y negro, conviene trabajar con contrastes, por ejemplo, oscureciendo parte de la camiseta.

PASO 12 Por último, puedes añadir algunos detalles extra como, por ejemplo, corazones dibujados sobre la foto, o alguna palabra o fecha. Los círculos de diferentes tamaños crean una atmósfera más alegre y ligera. Por supuesto, también puedes dibujar un fondo a tu gusto.

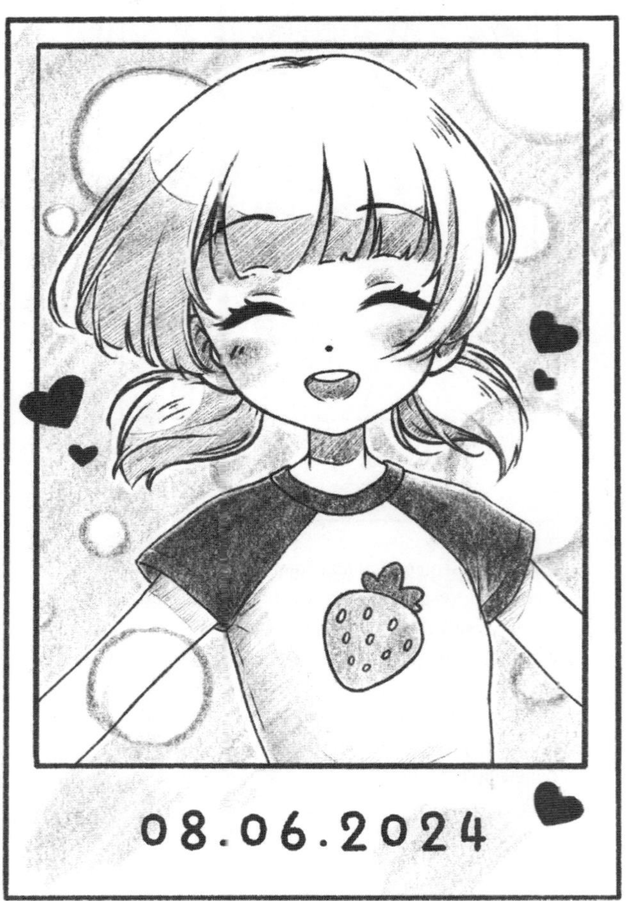

MALAS NOTICIAS

El siguiente dibujo muestra a un chico que acaba de recibir malas noticias en su móvil.

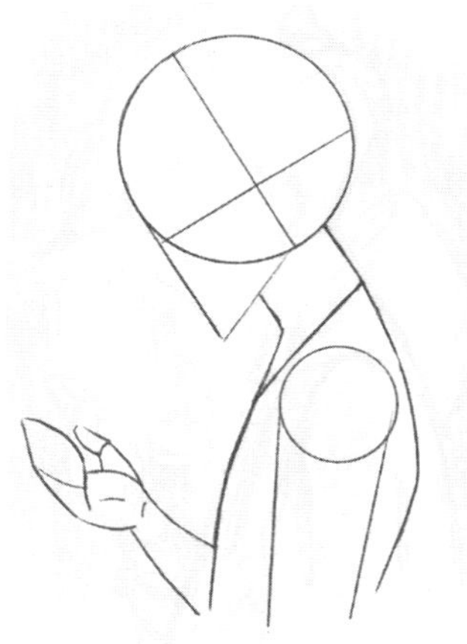

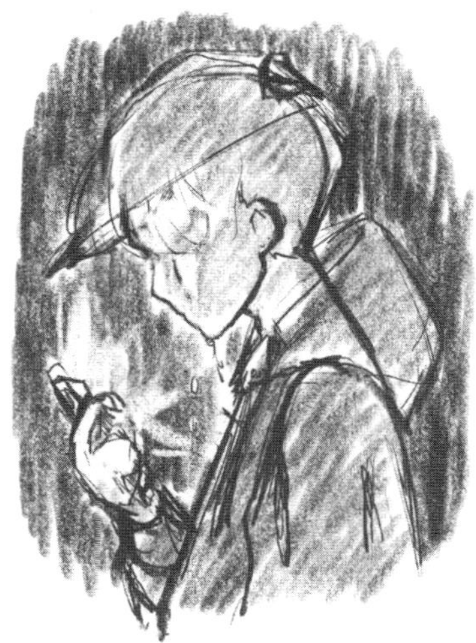

PASO 2 Comienza a colocar al personaje en su posición a grandes rasgos. La cabeza se hace como vimos en la página 12. Sin embargo, este personaje es un poco mayor, por lo que la cara en general es más larga. Ten en cuenta que el cuello va en diagonal desde la cabeza y el brazo en un lado, más o menos en medio del torso. También puedes esbozar la mano. Si esto te resulta demasiado difícil, puedes dejar de lado el brazo con el teléfono móvil por el momento y dibujar solo al chico desde un lado. Esta posición de la mano es un poco más avanzada.

PASO 1 Aquí puedes ver el primer boceto que hice para plasmar la idea. Un boceto de este tipo suele llevarme entre 10 y 20 minutos, dependiendo de lo complicado que sea el motivo y de la cantidad de detalles que contenga.

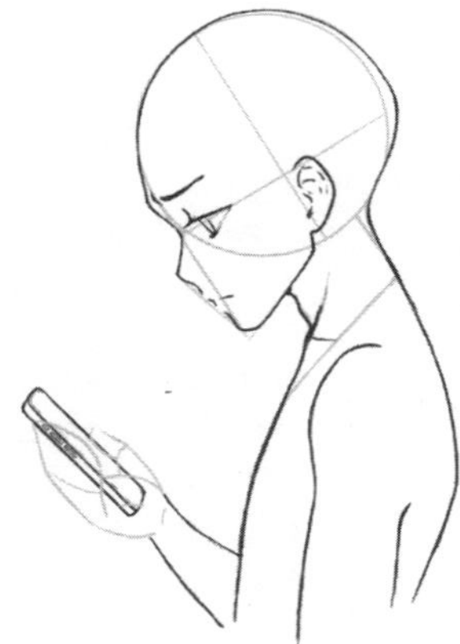

PASO 4 A continuación, dibuja la forma exacta de la boca y la nariz. Lo mejor es tratar de no hacerla demasiado «cortada», sino solo arcos muy ligeros para las curvaturas de los labios, que también puedes entrecortar. Además, sigue trabajando en los ojos y las orejas. También puedes colocar el teléfono móvil en la mano.

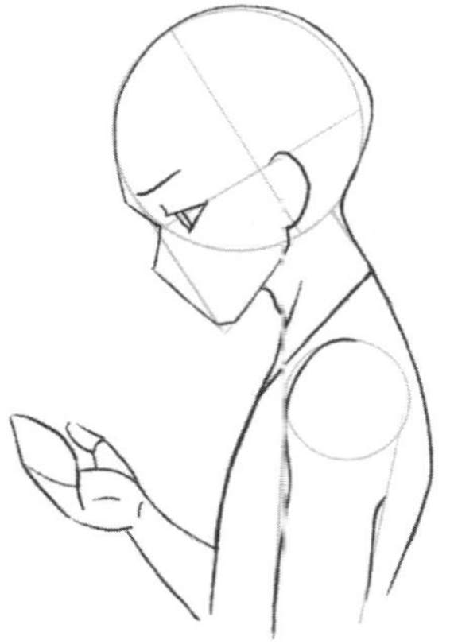

PASO 3 Ahora puedes empezar a trabajar la cara. Para ello, dibuja el área de la boca y la nariz aproximadamente y coloca el ojo. Traza también la oreja, así como la nuez en el cuello. En el brazo, puedes insinuar la redondez de los músculos del hombro.

CONSEJO

Al dibujar manos, es útil tomar una foto de tus propias manos para usar como modelo. En lugar de un móvil, puedes sostener otro objeto que tenga una forma similar.

PASO 6 Ahora divide el cabello en mechones. Este personaje tiene el pelo más largo en la parte delantera que en la trasera, pero sale todo del mismo punto en la parte superior de la cabeza. También puedes eliminar las líneas de ayuda en la mano y así completar esta parte.

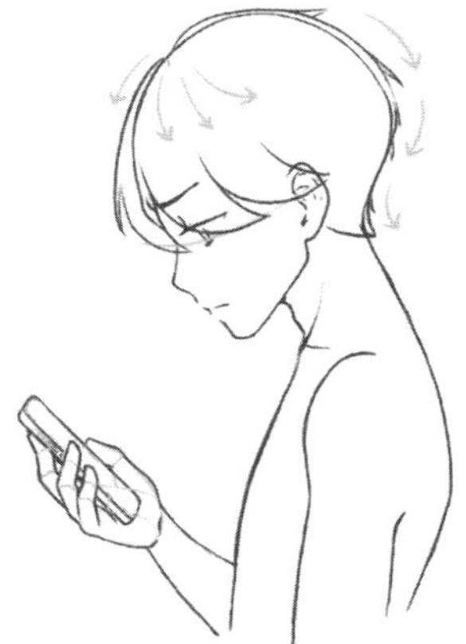

PASO 5 Como ya hemos visto, puedes dibujar ya la forma general del cabello. Más tarde le pondremos una gorra al chico, así es que el pelo debe quedar muy pegado a la cabeza. Sigue trabajando la mano: puede ayudarte dibujar falange a falange, tratando de entender cómo queda «detrás» del teléfono. Las manos son muy difíciles de dibujar, así que tómate tu tiempo.

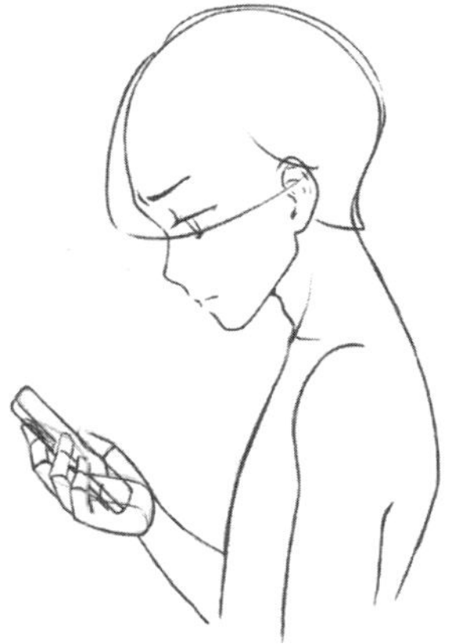

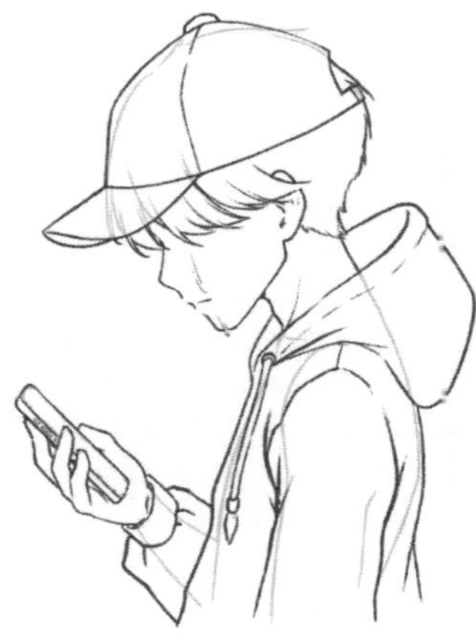

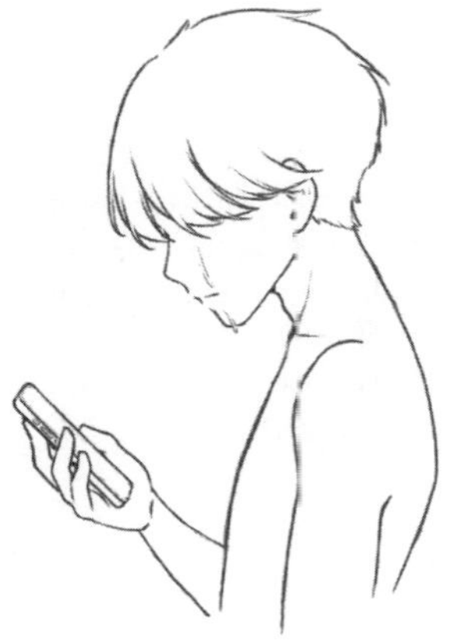

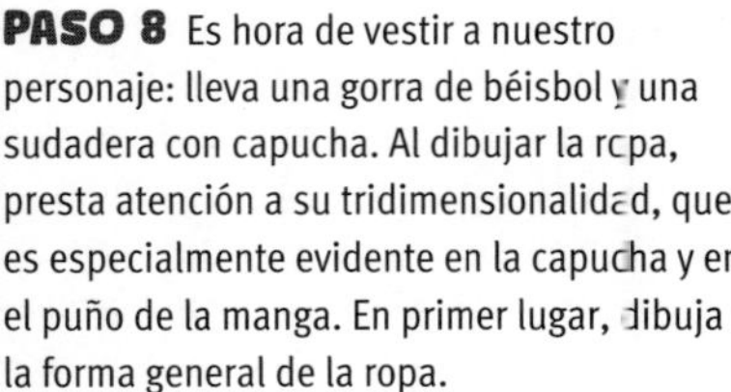

PASO 8 Es hora de vestir a nuestro personaje: lleva una gorra de béisbol y una sudadera con capucha. Al dibujar la ropa, presta atención a su tridimensionalidad, que es especialmente evidente en la capucha y en el puño de la manga. En primer lugar, dibuja la forma general de la ropa.

PASO 7 Ahora haz mechones más pequeños para que el cabello se vea más suave y ligero. Para aumentar la sensación de tristeza, puedes borrar los ojos por completo y sombrear el área en el siguiente paso (o hacer trampa y omitirlos desde el principio). Dibuja también una sola lágrima deslizándose por la mejilla.

CONSEJO

Tal vez te preguntes por qué siempre dibujamos toda la cabeza y el cuerpo, aunque más tarde gran parte queda cubierto por el pelo o la ropa. Por un lado, es un buen ejercicio dibujar el cuerpo en tantas poses diferentes como sea posible y, por el otro, también ayuda a que más adelante las manos y los brazos estén en el lugar correcto. Si dibujas directamente la ropa, a menudo no resulta creíble que haya un cuerpo debajo.

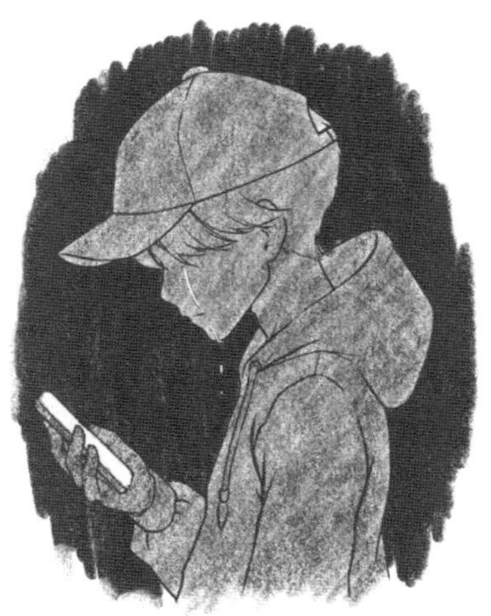

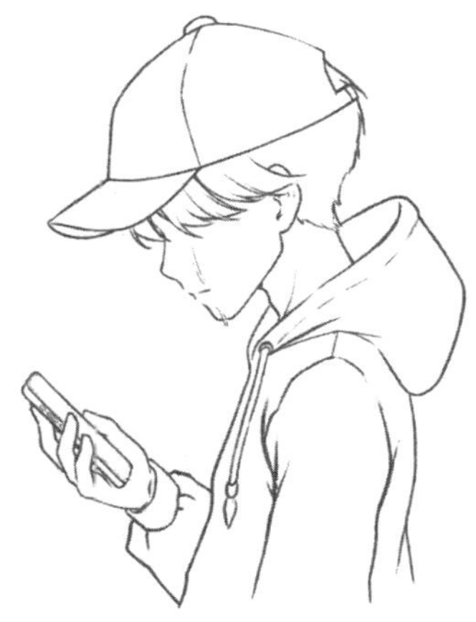

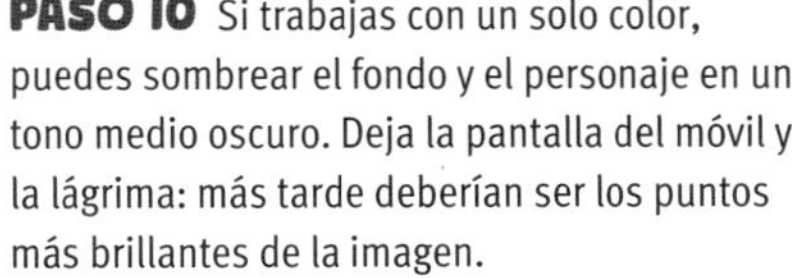

PASO 10 Si trabajas con un solo color, puedes sombrear el fondo y el personaje en un tono medio oscuro. Deja la pantalla del móvil y la lágrima: más tarde deberían ser los puntos más brillantes de la imagen.

PASO 9 Ahora vienen los detalles. No tienes que dibujar muchos pliegues: limítate a alguno en las axilas, donde cae la capucha y en el puño de la manga. Añade las costuras y el cordón de la sudadera. Borra todas las líneas que han quedado cubiertas por la ropa. El dibujo de tu personaje está listo, pero vamos a darle a la imagen un poco más de ambiente...

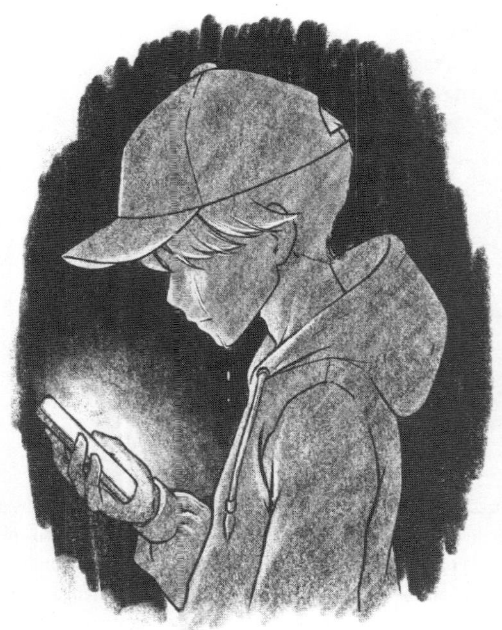

PASO II Si trabajas a lápiz, puedes borrar las zonas que ilumina la luz que emite el móvil: es decir, la parte delantera de la cara, los largos mechones, la parte inferior de la gorra, la parte delantera de la sudadera y el área que rodea al propio móvil. Por supuesto, también puedes dejar estos puntos sin colorear desde el principio.

PASO 12 Por último, puedes trabajar un poco más las sombras. Todo tiende a oscurecerse a medida que se aleja de la fuente de luz. Un ligero rayo de luz (que proviene de otra fuente de luz fuera de la imagen) en el contorno derecho del personaje refuerza el efecto de volumen y ayuda a que el personaje no se confunda con el fondo. Si lo deseas, también puedes escribir el mensaje que acaba de recibir junto al teléfono móvil.

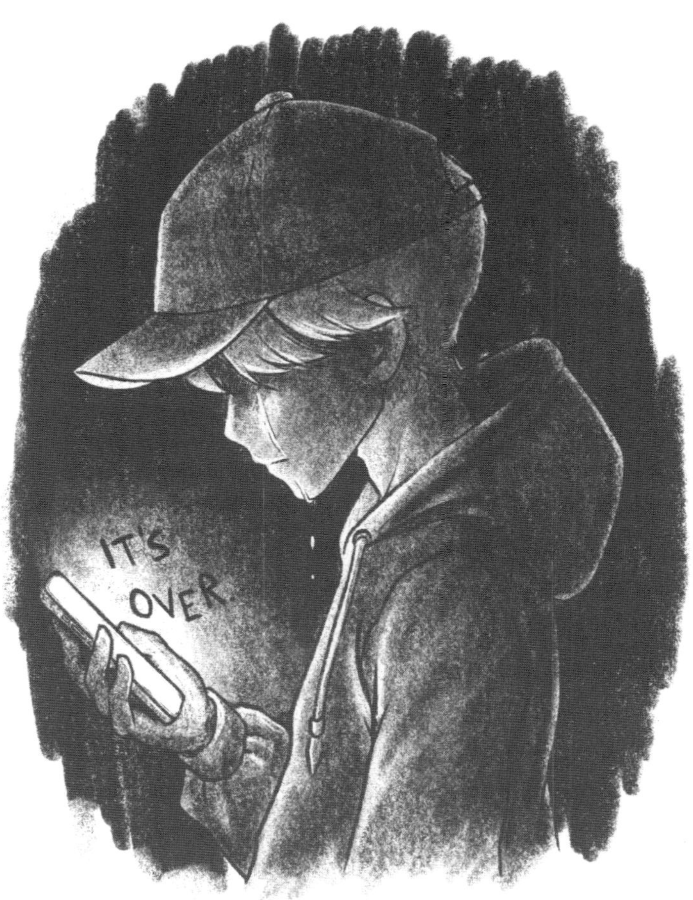

¡SORPRESA!

La siguiente emoción que queremos representar es la sorpresa. Vamos a aprender a dibujar a una chica que acaba de enterarse de algo que la sorprende y conmueve.

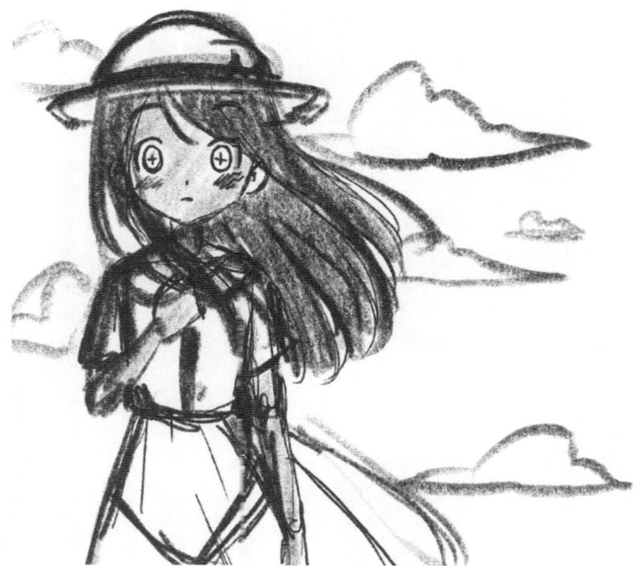

PASO 1 En primer lugar, siempre es bueno plasmar en papel un borrador de nuestra idea. Puede que aún sea muy desordenado, lo más importante es que tengas una idea de la dirección en la que debe ir el dibujo.

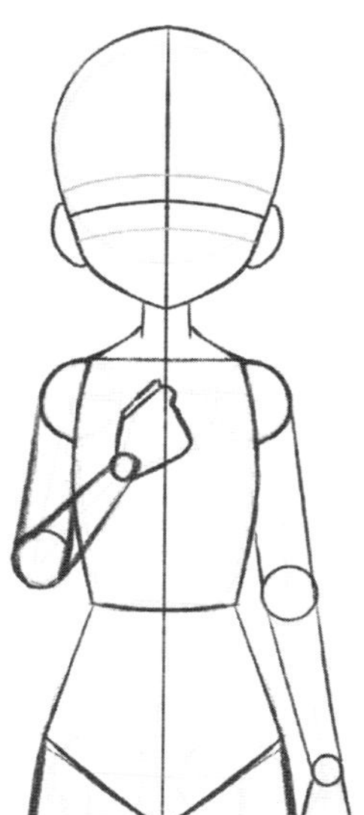

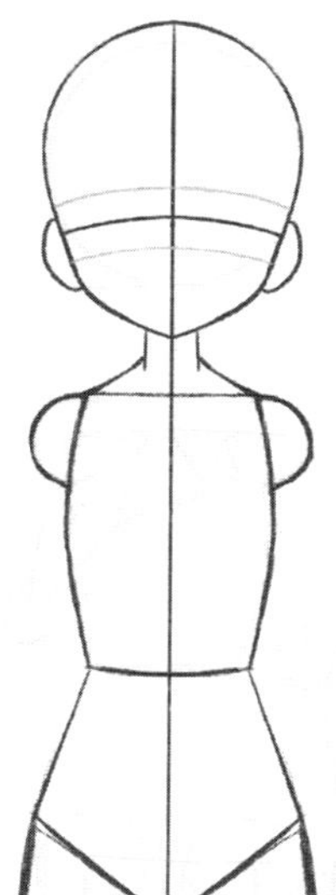

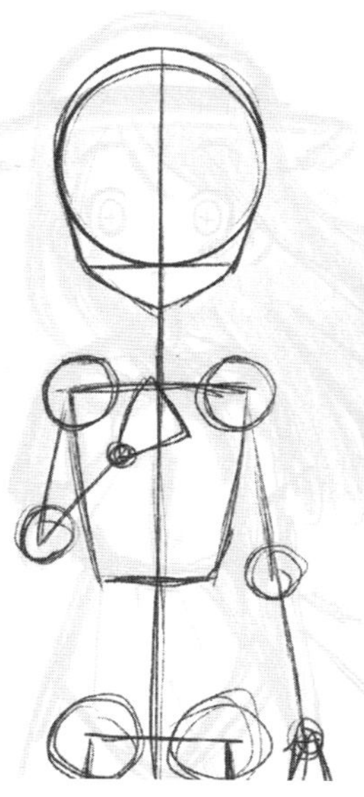

PASO 4 Todavía faltan los brazos: primero dibuja las articulaciones y luego conéctalas entre sí. También puedes dibujar más o menos la mano. Si el brazo doblado te resulta demasiado difícil, puedes dejarlo colgado junto al cuerpo al igual que el otro.

PASO 3 Ahora dibuja las partes del cuerpo con mayor precisión. Ya sabes cómo funciona con la cabeza; en el torso puedes dibujar una caja con lados redondeados para el pecho y un pentágono para la zona de las caderas. Las bolas forman los hombros. Una línea a través del centro te ayudará a mantener la simetría.

PASO 2 Cuando el primer boceto esté listo, puedes comenzar a dibujar tu personaje «ordenadamente». Para ello, dibuja una figura de palitos, con la que determinarás las proporciones (es decir, el tamaño de las partes del cuerpo entre sí). Aquí, por ejemplo, debes asegurarte de que los codos estén a la altura de la cintura y que los hombros sean un poco más anchos que la cabeza.

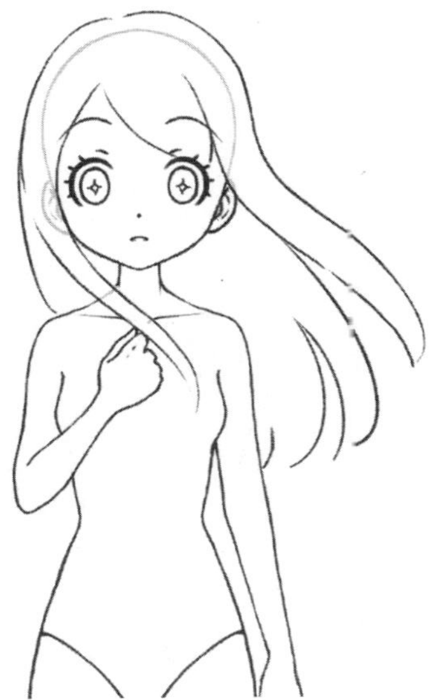

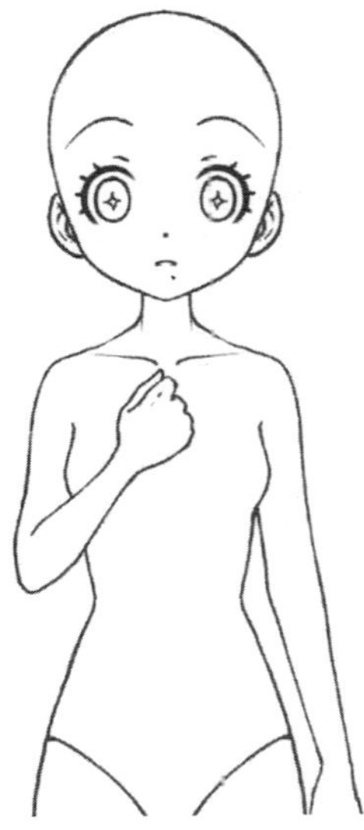

PASO 6 Esboza la forma del cabello. Como en este dibujo se supone que el viento sopla desde la izquierda, el cabello flota ligeramente hacia la derecha. Si piensas añadir luego un sombrero, asegúrate de que el pelo quede pegado en la parte superior de la cabeza.

PASO 5 Ahora dibuja la cara desde el frente, como vimos al principio del libro. En el caso de los ojos, asegúrate de que el iris no toque la forma externa de los ojos, para que queden bien abiertos y sorprendidos. Si lo deseas, puedes dibujar pequeños asteriscos como pupilas. Dale un poco más de forma al resto del cuerpo, por ejemplo, dibujando los brazos un poco más gruesos alrededor de los codos, añadiendo las clavículas o dando forma al pecho.

PASO 8 Ahora puedes dibujar mechones más finos. Para lograr un efecto «suelto» más bonito, puedes eliminar las líneas en los puntos donde se superponen los mechones, para que quede como entretejido.

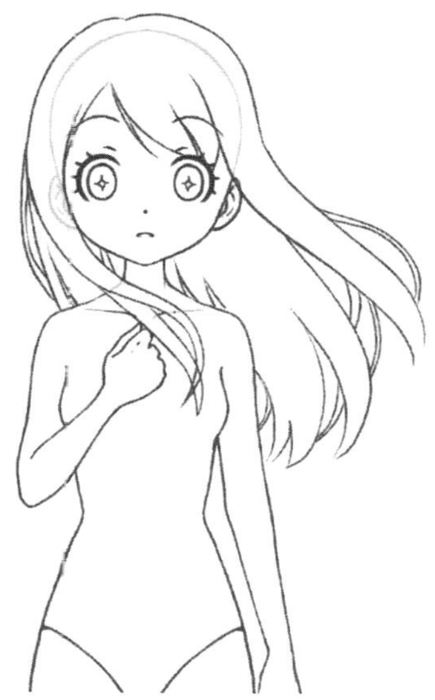

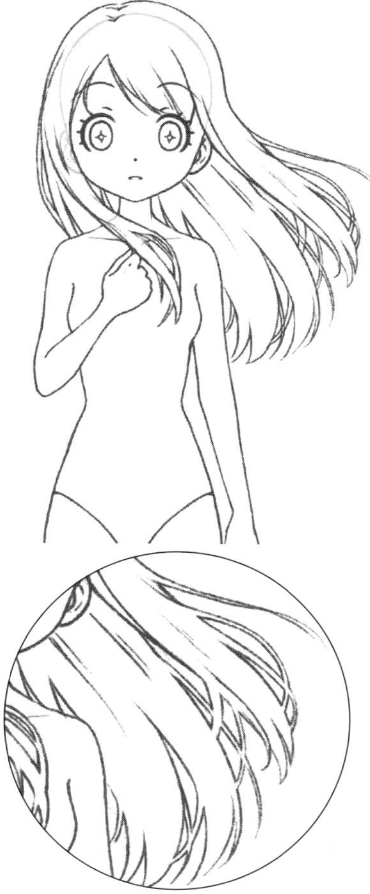

PASO 7 Sigue añadiendo hebras, más delgadas que las que has dibujado hasta ahora. Además, ten en cuenta que todos los mechones comienzan en lo alto de la cabeza y siguen el movimiento general de la melena.

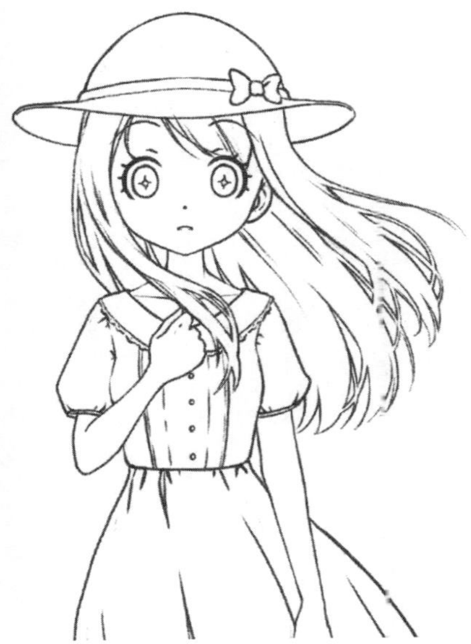

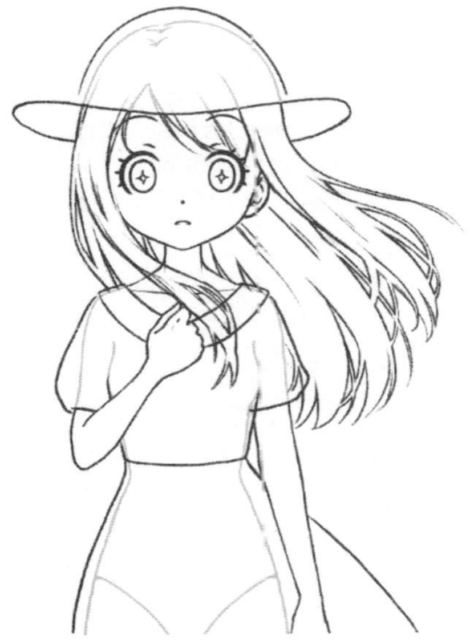

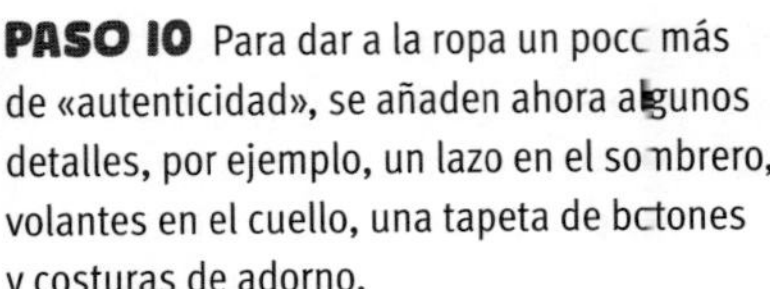

PASO 10 Para dar a la ropa un poco más de «autenticidad», se añaden ahora algunos detalles, por ejemplo, un lazo en el sombrero, volantes en el cuello, una tapeta de botones y costuras de adorno.
Además, dibuja algunos pliegues donde habría tensión en la tela: al final de las mangas, las costuras de los hombros y donde se cose la parte de la falda.
Aquí menos es más, así que no exageres.

PASO 9 Ahora es el momento de vestir a tu personaje: en este caso, un vestido con un sombrero a juego. Para este último, dibuja un semicírculo sobre la cabeza y una línea curva que vaya «alrededor de la cabeza». A partir de esto, puedes crear tu sombrero.
El vestido consta de cuatro partes: el cuello, las mangas de farol, el cuerpo y la falda.
Al dibujar ropa, es mejor que te fijes en una prenda real para entender las partes que la componen.

PASO II Las nubes son un fondo muy fácil de dibujar: para que queden dinámicas y reales, asegúrate de hacerlas de diferentes tamaños. Ahora decide qué partes de la imagen deben ser oscuras y cuáles claras. Aquí trabajamos con tres gradaciones diferentes para obtener un bonito contraste en la imagen: la ropa es más clara, la piel y el cielo son medio oscuros y lo más oscuro es el pelo de la chica.

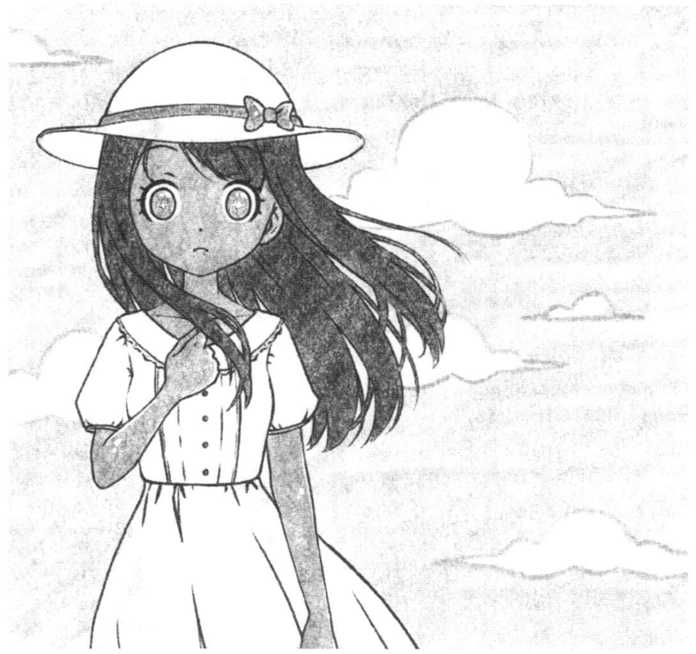

PASO 12 Si quieres, puedes añadir sombras. Piensa en la dirección de la que viene la luz: en este caso, desde la parte superior derecha. Esto significa que el lado izquierdo de la ropa es más oscuro y, por ejemplo, el sombrero también proyecta una sombra en la cara. Del mismo modo, la parte inferior del cabello y el sombrero son más oscuras. Con una goma de borrar puedes sacar reflejos en el cabello y hacer que los ojos brillen más. Finalmente, las líneas oblicuas y el sombreado en las mejillas muestran la emoción del personaje.

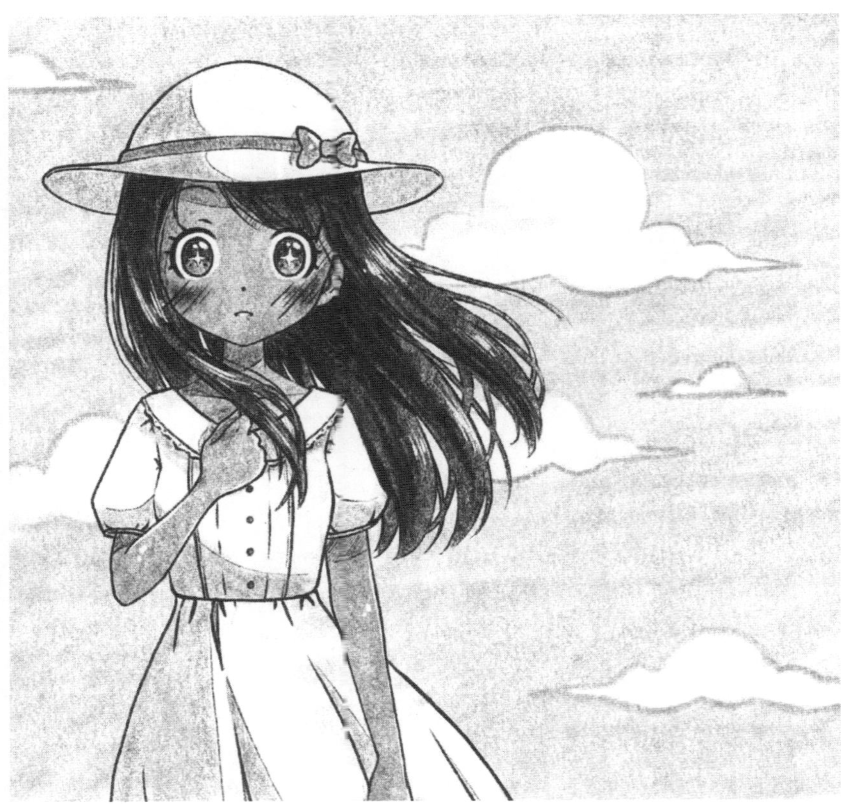

VENGANZA

Ahora vamos a dibujar a un chico que parece haberse metido en una pelea y, por lo tanto, no tiene buena opinión de su contrincante. ¡Vamos allá!

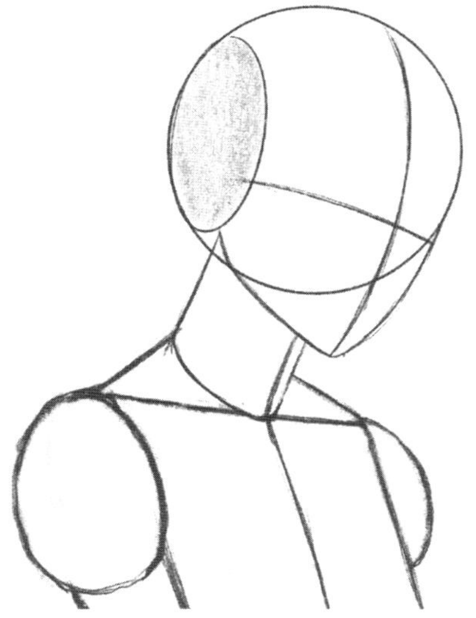

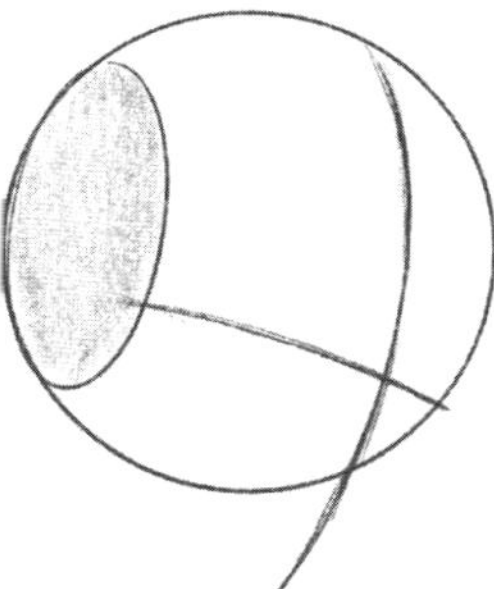

PASO 2 Transforma tu círculo en una cabeza real y dibuja también el cuello y la parte superior del cuerpo. Asegúrate de que el cuello se aleja de la cabeza en ángulo, no directamente hacia abajo. Para el cuerpo te será muy útil marcar la línea central.

PASO 1 Comienza por determinar la inclinación de la cabeza tomando una bola como base y marcando la línea central de la cabeza. Esto se ve un poco extraño al principio, pero no te preocupes, que pronto quedará claro.

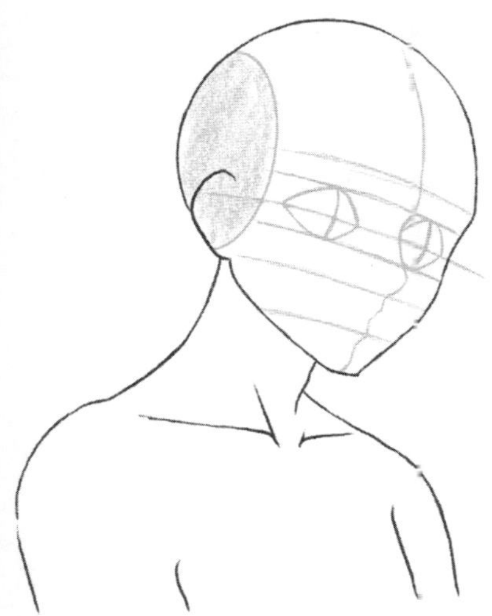

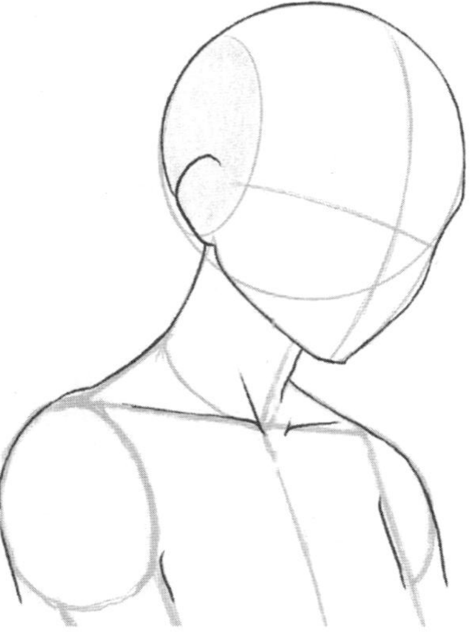

PASO 4 Puede parecer muy extraño al principio, pero para colocar bien los ojos en esta vista es muy útil trazar la forma tridimensional de la imagen y esbozar la forma de los ojos «completamente». Una cruz ayuda a darle a ambos ojos la orientación correcta. Como la nariz sobresale de la cara, cubre parcialmente el ojo que está más alejado del espectador.

PASO 3 Ahora puedes definir más la cabeza y el cuerpo. En el centro, la cabeza va ligeramente hacia adentro y luego vuelve a sobresalir un poco por la mejilla. Puedes hacer la barbilla un poco más cuadrada e insinuar ligeramente la nuez en el cuello. Dibuja también la oreja y la clavícula.

PASO 6 Para construir el cabello, dibuja primero la forma general y determina dónde se encuentra la parte superior, de la que nace todo el cabello. En el caso de los personajes en los que la línea del cabello es visible, conviene marcarla.

PASO 5 Ahora puedes dibujar la cara sobre estas guías. Para obtener una expresión particularmente enojada, el iris debe quedar muy pequeño y no tocar el borde de la forma del ojo en ningún punto. Las cejas están muy cerca de los ojos y fruncidas oblicuamente hacia abajo, se forman arrugas en la frente y alrededor de los ojos.

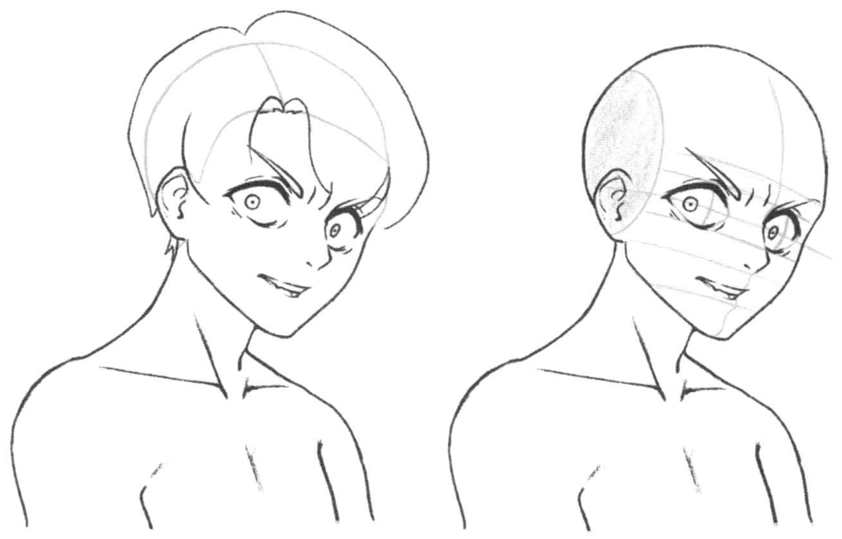

PASO 8 Para que el pelo quede más real, puedes añadir algunos mechones. En primer lugar, aquellos que sobresalen «en medio», formando curvas hacia fuera. Luego otras hebras que siguen el curso del pelo, por encima de los mechones más grandes que ya has dibujado.

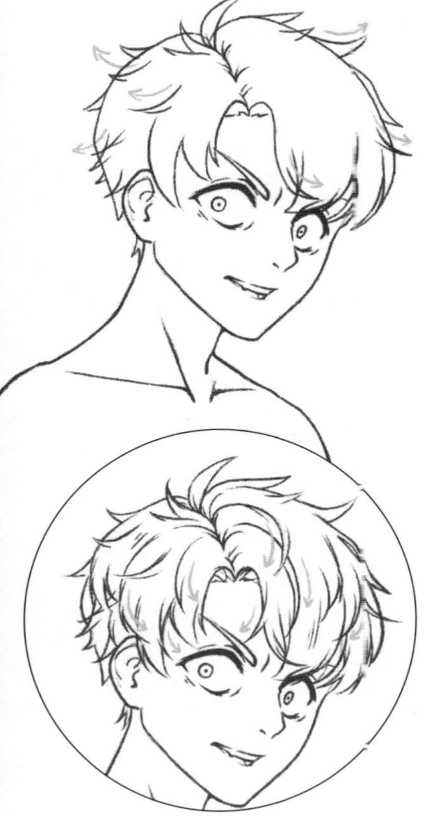

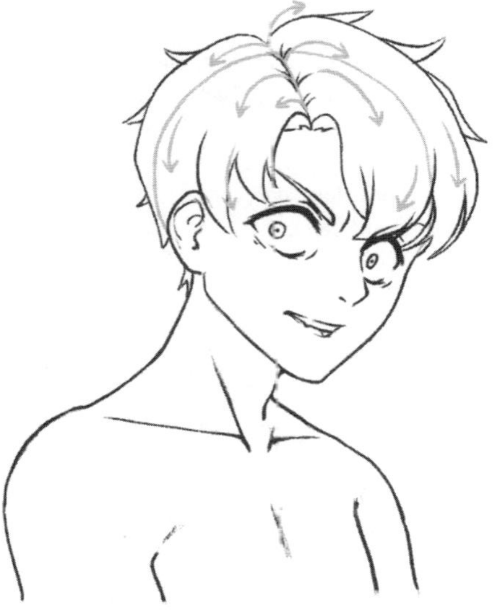

PASO 7 Ahora, rompe la forma exterior del cabello dibujando varios mechones pequeños y sobresalientes, dividiendo aún más el área del flequillo. Pequeñas líneas que salen de la parte superior de la cabeza refuerzan la dirección del cabello. Mantén siempre la parte superior de la cabeza como punto de origen del cabello.

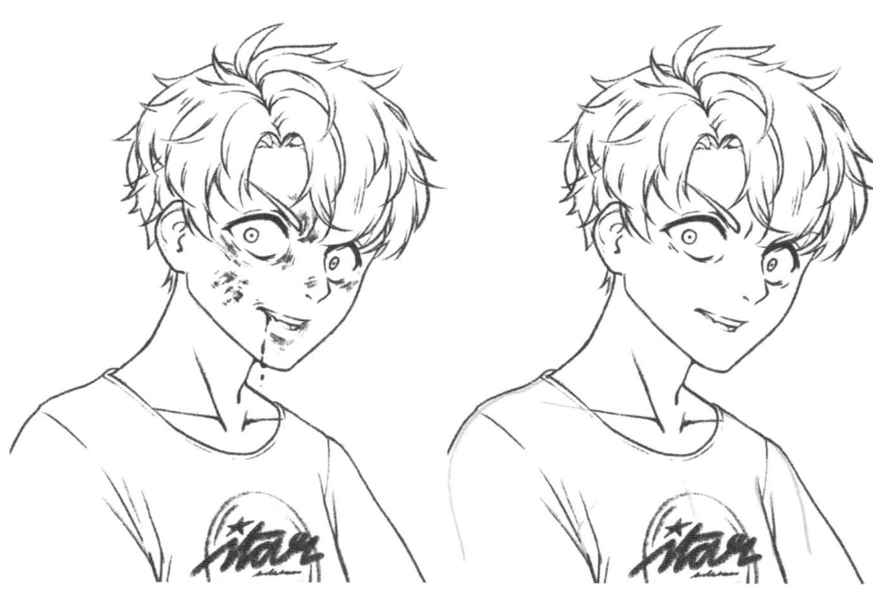

PASO 10 Para potenciar la expresión del personaje, puedes enfatizar lo tenso que está el rostro con pequeñas líneas paralelas alrededor de los ojos y la frente. Las líneas caóticas en la mejilla indican un golpe en la cara, al igual que un poco de sangre que fluye desde el labio roto hasta la barbilla. Puedes dibujarla según el mismo principio que las lágrimas.

PASO 9 El chico lleva una camiseta sencilla. Para que sea particularmente realista, asegúrate de dibujar costuras en el cuello y los hombros. No olvides las arrugas, sobre todo en los dobleces de los brazos. Si lo deseas, puedes dibujar un logotipo o una inscripción en la camiseta.

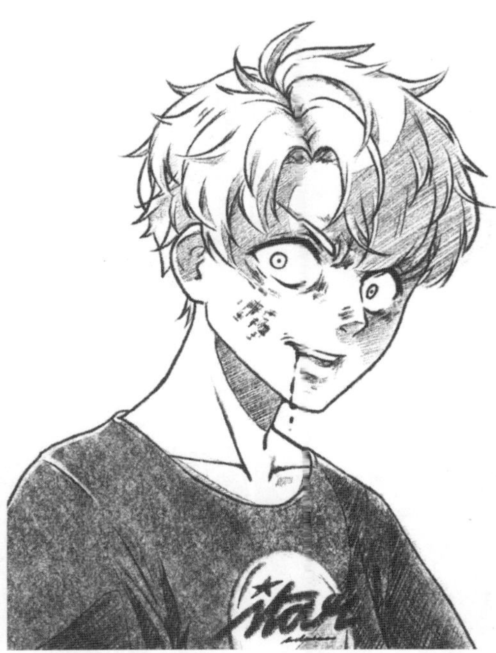

PASO II Las sombras hacen que el rostro resulte más dramático. Aquí la luz viene de la parte superior izquierda, de modo que la mitad derecha de la cara está a la sombra. Para los dibujos con emociones particularmente «duras», es una buena idea hacer que los sombreados sean un poco más desordenados o toscos, porque reflejan sentimientos agitados.

CONSEJO

Para atraer el foco hacia los ojos del personaje, puedes trabajar con contrastes: en este caso, los ojos son el punto más brillante de la imagen. Además, se prescindió de sombrearlos, por lo que destacan entre las áreas sombreadas de alrededor.

PASO 12 Para darle más dinamismo, puedes dibujar detrás del personaje muchas líneas paralelas hacia la parte inferior derecha. Estas líneas se utilizan a menudo para representar movimiento, pero también pueden ilustrar un «impulso de energía» y, en general, aportar dinamismo a la imagen.

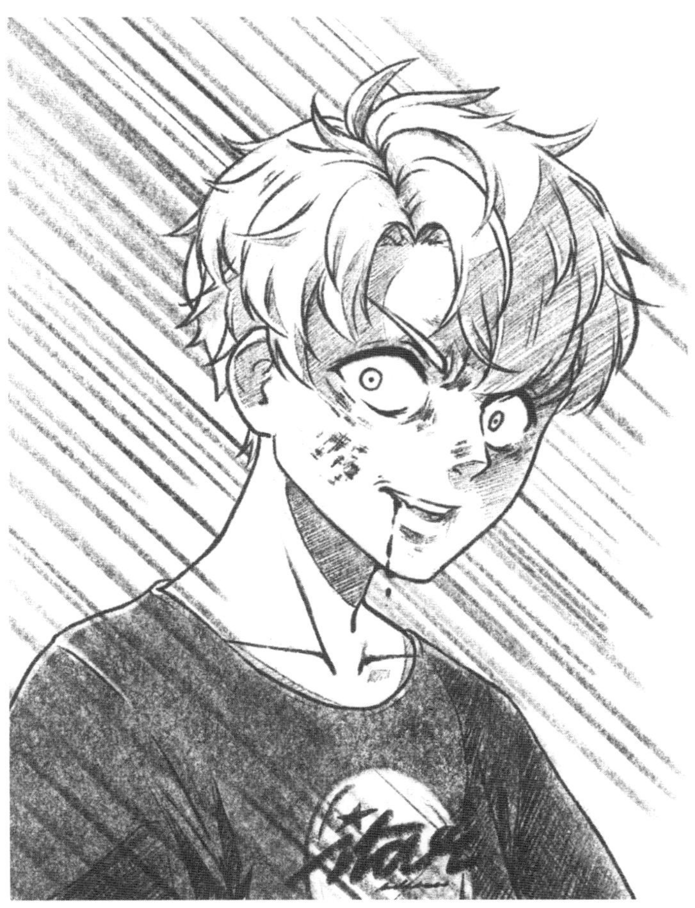

¡BAH!

Vamos a dibujar a una chica con uniforme escolar, que en este momento parece un poco ofendida.

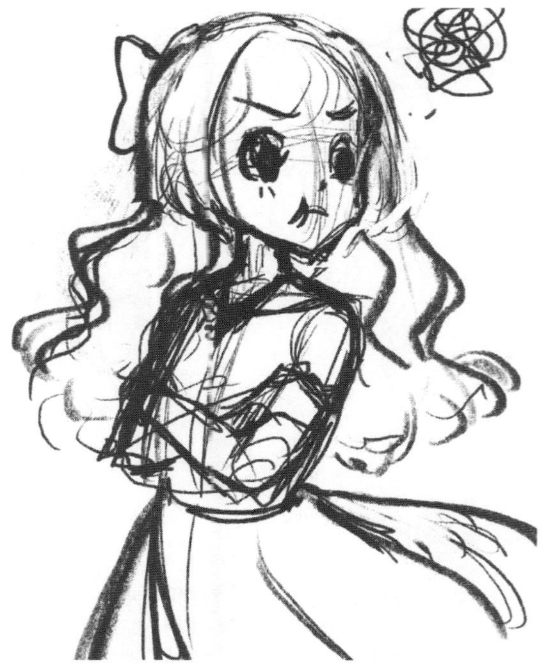

PASO 1 Al principio, dibuja la forma aproximada del personaje para obtener una primera impresión de la pose. La postura se centra en los brazos cruzados y en la rotación opuesta de la cabeza y el cuerpo.

PASO 2 Dibuja una figura de palitos para formar el cuerpo. Primero, concéntrate en la cabeza y el torso, y luego añade los brazos. Asegúrate de que la cabeza y los hombros estén ligeramente inclinados hacia la derecha, y que la pelvis quede recta.

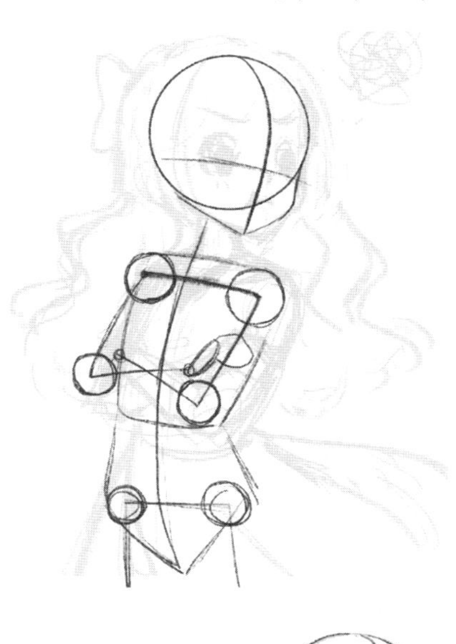

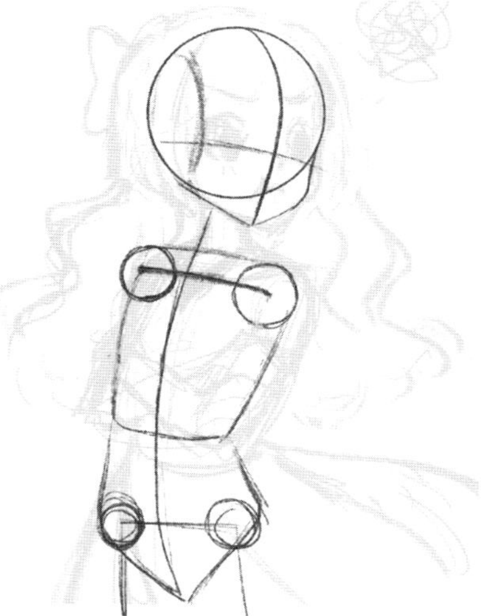

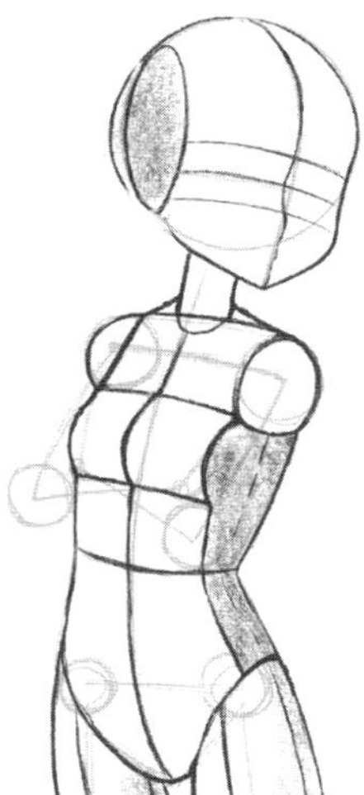

PASO 3 Para representar mejor la tridimensionalidad del cuerpo, puedes empezar por dibujar el cuerpo con bloques. Se puede ver claramente que el lado izquierdo de la cabeza apunta hacia adelante, mientras que el cuerpo está girado a la derecha.

PASO 4 Una vez listos la cabeza y el torso, puedes colocar los brazos. El punto en el que se cruzan debe estar exactamente en la línea central del cuerpo. Una mano se apoya en un brazo y la otra queda oculta bajo el otro brazo. También puedes dibujar más o menos la posición de los ojos.

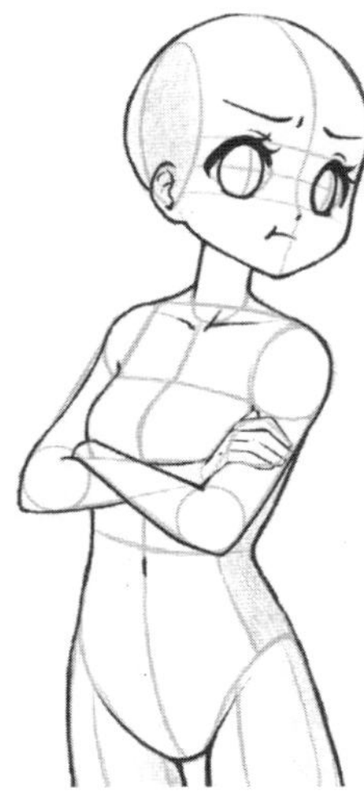

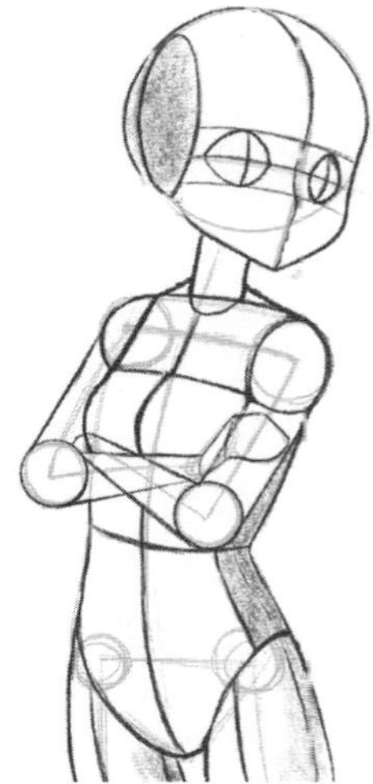

PASO 5 Ahora puedes dibujar el personaje sobre este esquema básico. La atención se centra en la cara: la boca está ligeramente inclinada y las cejas hacia abajo, la mirada va hacia el lado derecho, como si estuviera apartando la cabeza de la persona que acaba de hacerla sentirse ofendida.

CONSEJO

Para poses más complicadas, es muy útil colocarse frente al espejo y copiar la postura, o sacar una foto y usarla como referencia.

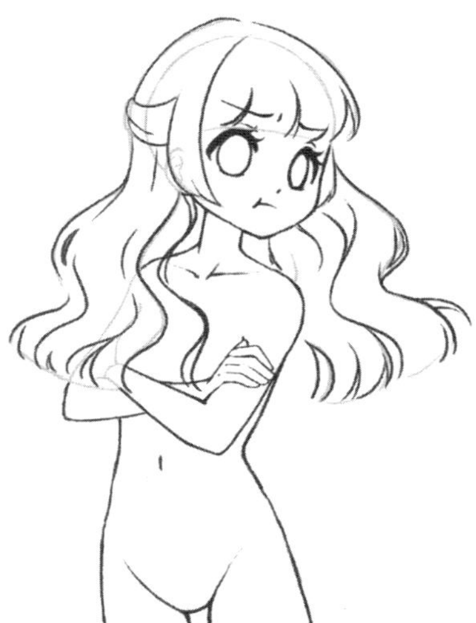

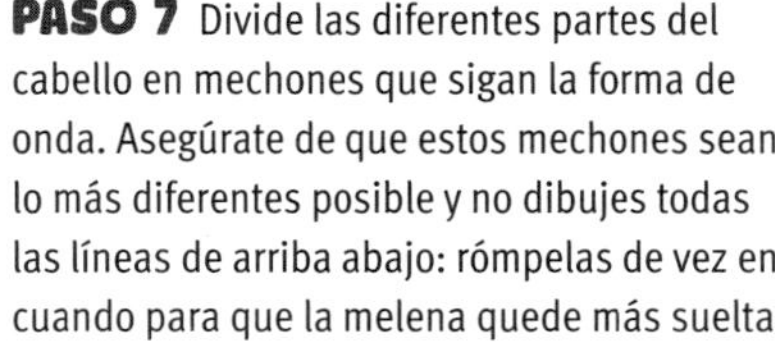

PASO 7 Divide las diferentes partes del cabello en mechones que sigan la forma de onda. Asegúrate de que estos mechones sean lo más diferentes posible y no dibujes todas las líneas de arriba abajo: rómpelas de vez en cuando para que la melena quede más suelta.

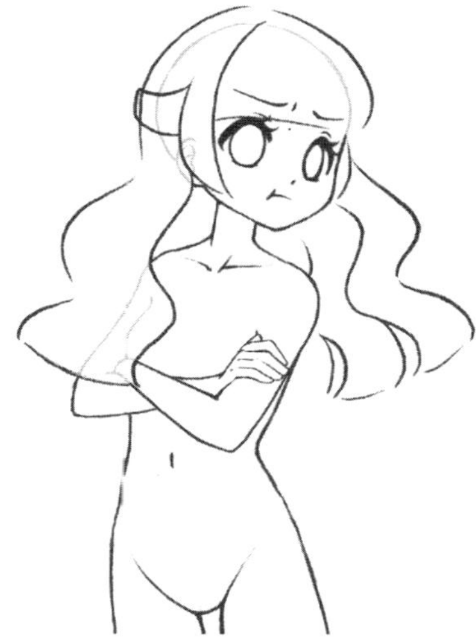

PASO 6 Como la cabeza apunta hacia la derecha, el cabello sigue su posición y, por tanto, cae por delante del cuerpo en el lado izquierdo. Dos mechones caen por detrás de la cabeza, donde confluyen (aquí, por supuesto, solo se ve el delantero).

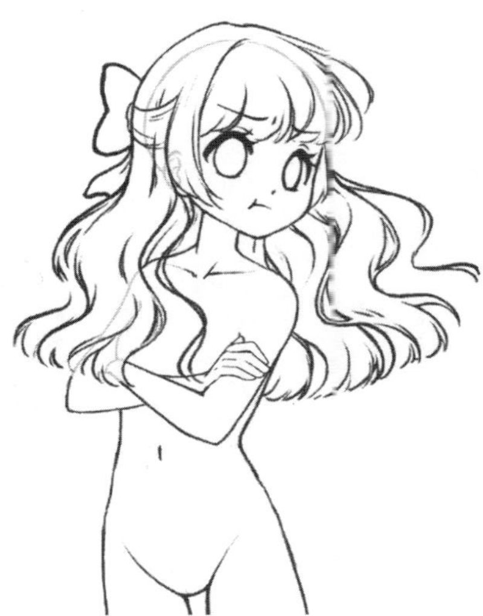

PASO 8 Según el mismo principio, puedes añadir más mechones, al igual que pelos un poco alejados del resto de la melena que aportan más dinamismo al cabello. También puedes dibujar el lazo que mantiene el pelo unido en la parte posterior.

PASO 9 ¡Momento de vestirla! La niña lleva un uniforme escolar japonés que consiste en una camisa con cuello marinero, un lazo y una falda plisada. Primero dibuja los contornos de la ropa y luego complementa detalles como rayas, costuras y pliegues.

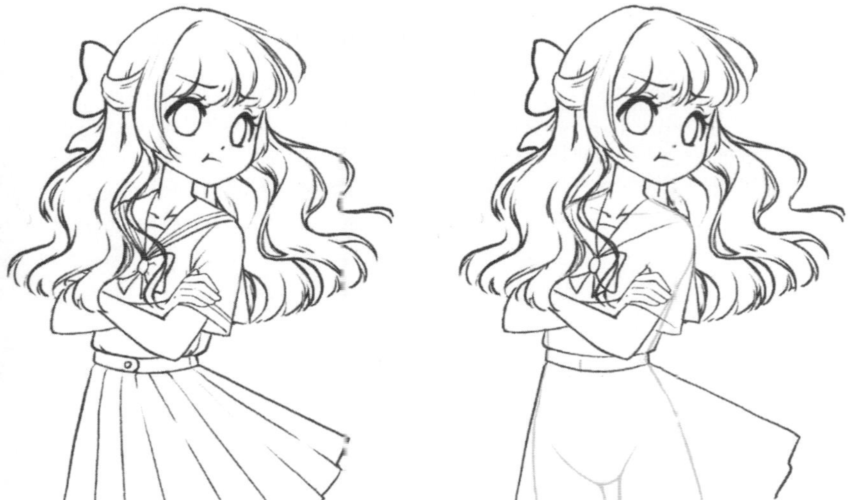

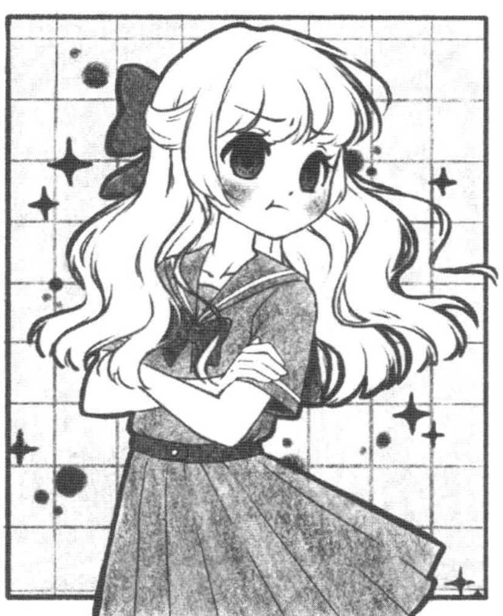

PASO 11 Si, por ejemplo, trabajas con lápiz, puedes elegir diferentes valores: en este caso, el cabello y la piel son los más claros, el uniforme escolar un gris medio oscuro y las áreas más pequeñas, como lazos, ojos y estrellas, las más oscuras.

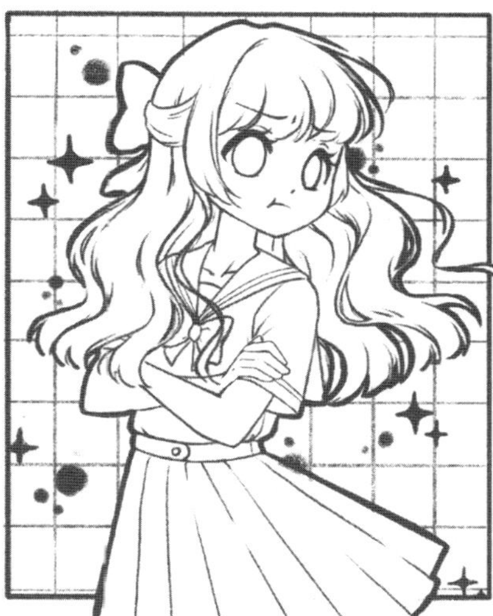

PASO 10 Para crear un fondo simple y abstracto, puedes dibujar un marco detrás del personaje y rellenarlo con un patrón de cuadrados. Algunos círculos y estrellas harán que la imagen quede más interesante. Para resaltar el personaje del fondo, puedes repasar el contorno con una línea más gruesa.

PASO 12 Por último, se añaden las sombras. En este caso la luz incide sobre el personaje desde la parte superior derecha, por lo que su lado izquierdo queda un poco más oscuro. La parte inferior del cabello también está más oscura, al igual que el área de debajo de la cabeza y debajo de los brazos. Puedes sacar reflejos en los ojos y en la ropa con una goma de borrar. Un garabato crispado junto a la cabeza del personaje refuerza la expresión de fastidio.

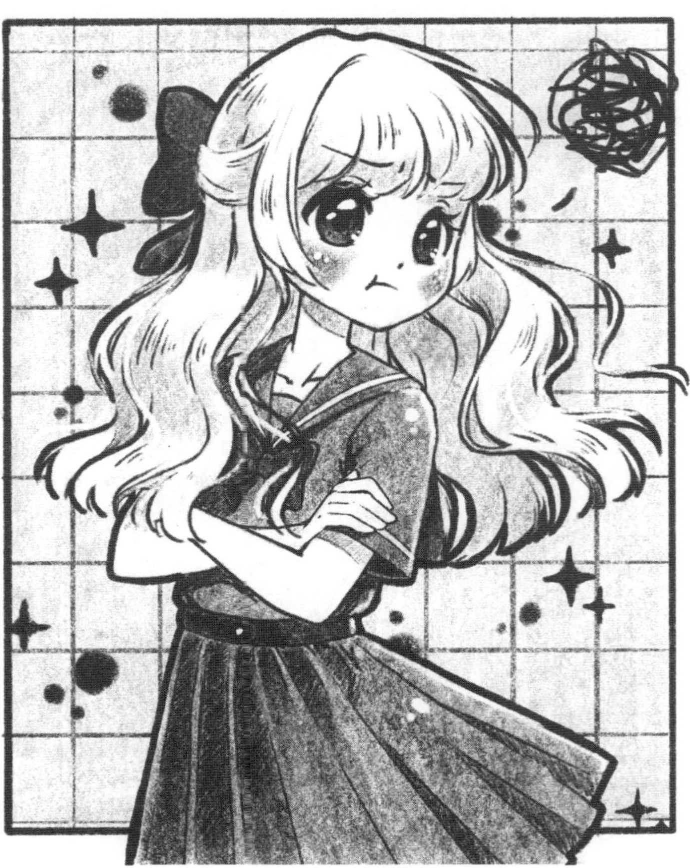

IMAGEN DE PORTADA

Para terminar, vamos a ver paso a paso cómo se creó el dibujo de la portada de este libro. Esta es la versión en blanco y negro, pero si decides copiarla puedes también usar los colores de la portada.

PASO 1 Empieza por establecer la posición de la cabeza. Como el personaje está girado, la cabeza se ve ligeramente levantada en ángulo desde el frente; puedes dibujar las líneas auxiliares siguiendo esta postura.

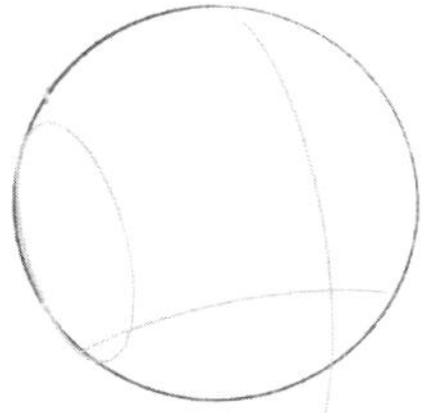

PASO 2 Puedes dibujar la forma de la cabeza y la parte superior del cuerpo, los brazos y las manos. En primer lugar, basta con formas geométricas simples como óvalos, círculos y rectángulos.

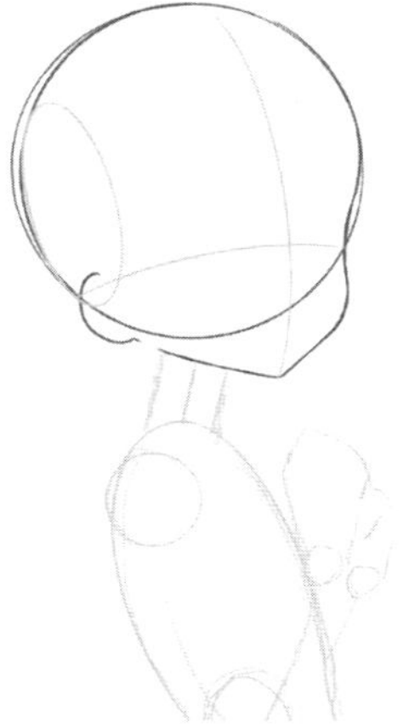

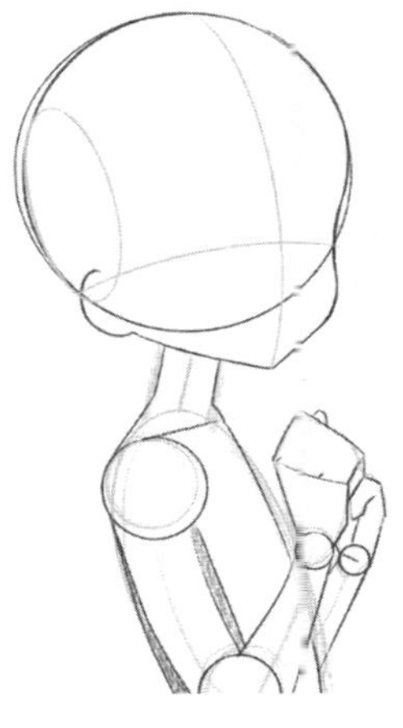

PASO 3 Dibuja ahora las formas de los brazos y las manos con un poco más de precisión. En las manos, puedes dibujar primero todos los dedos juntos y, luego, marcar dónde comienza cada uno de ellos. Recuerda que los brazos se afinan hacia la muñeca y que la parte más gruesa está en el codo.

PASO 4 A continuación, hacemos los rasgos de la cara. Puedes colocar la nariz sobre la línea central directamente, la boca un poco a un lado, por encima de la barbilla. En el caso de los ojos, debes asegurarte de que las «esquinas» exteriores estén en la misma línea. Dibuja líneas auxiliares por encima y por debajo de los ojos, para que tengan el mismo tamaño.

PASO 5 Cuando todas las partes del cuerpo estén en su lugar correcto, puedes empezar a refinar el dibujo. Traza los dedos, dales a los ojos una forma bonita (para crear una expresión de sorpresa, presta atención a la distancia del iris al borde), añade las cejas y algunas líneas en las mejillas.

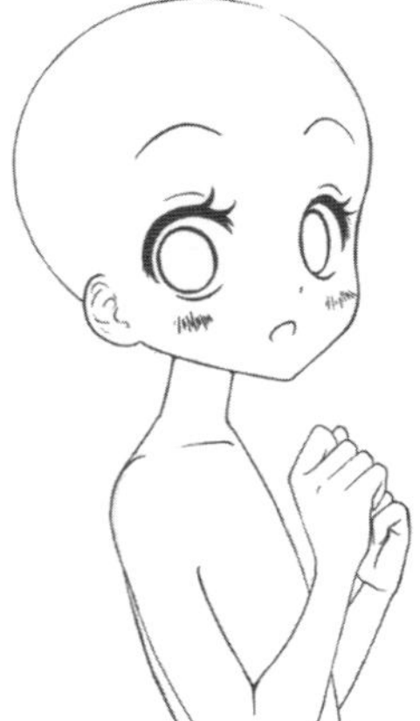

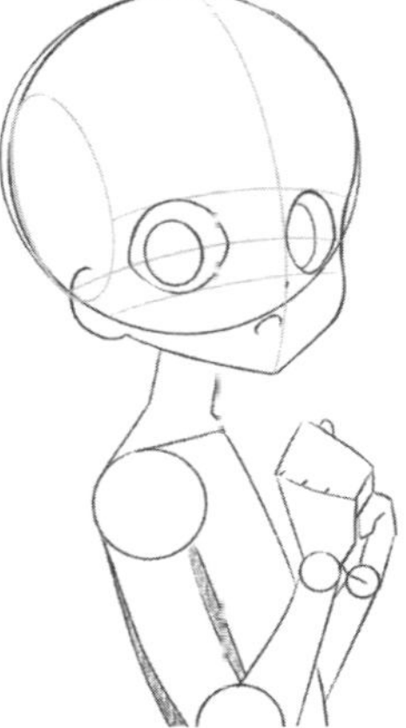

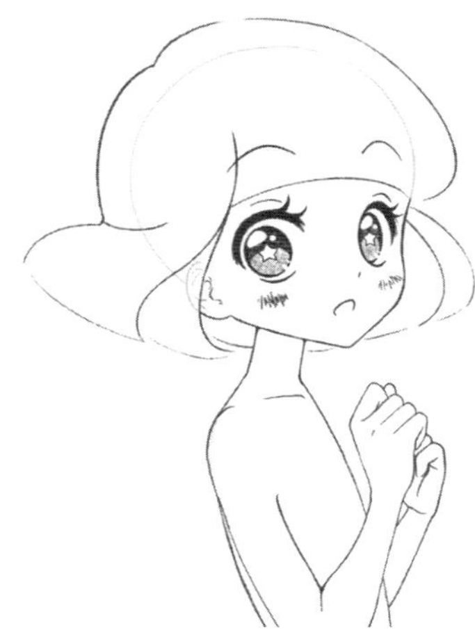

PASO 6 A continuación, esboza la forma de la melena. Debería quedar más alborotada en la parte exterior, porque así se refuerza la expresión de sorpresa. También puedes dar un poco más de vida a los ojos y dibujar las pupilas en forma de estrellas, así como reflejos de luz y sombras.

PASO 7 Puedes empezar a dividir el cabello, con líneas redondas y curvas. Haz que las ondas vayan en la misma dirección, prestando atención a cambiar distancias y longitudes en las diferentes zonas del cabello. Si los dejas «abiertos» en la parte inferior, se verán aún más ligeros.

PASO 8 Si lo deseas, puedes trabajar los detalles del cabello y agregar más mechones finos. Concéntrate en el borde exterior, que es lo que hace que la melena tenga más vida.

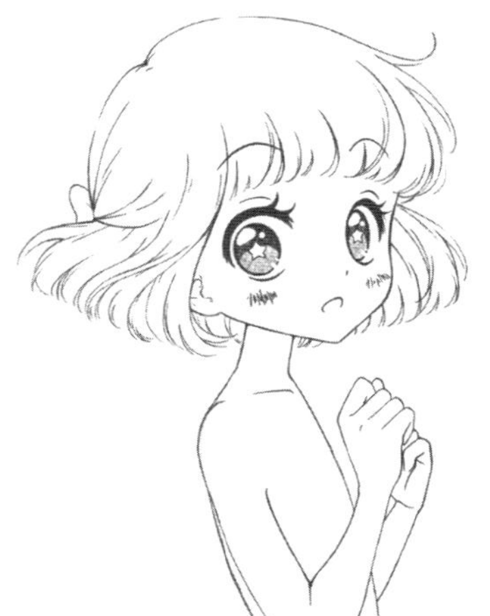

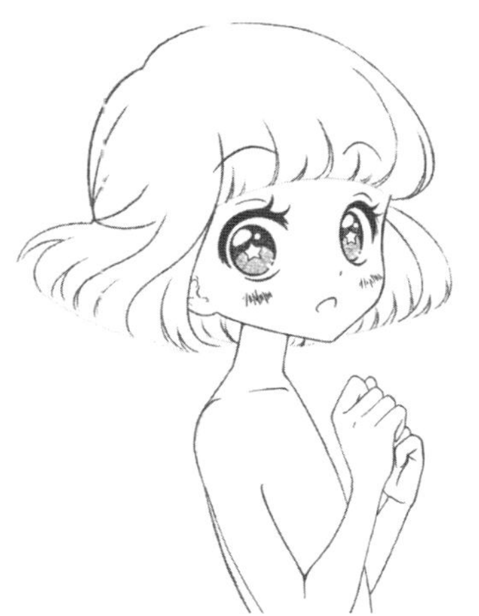

PASO 9 Para la forma general de la ropa, puedes dividir la parte superior en distintas áreas: brazo, parte superior con escote y área inferior, que cae más holgada.

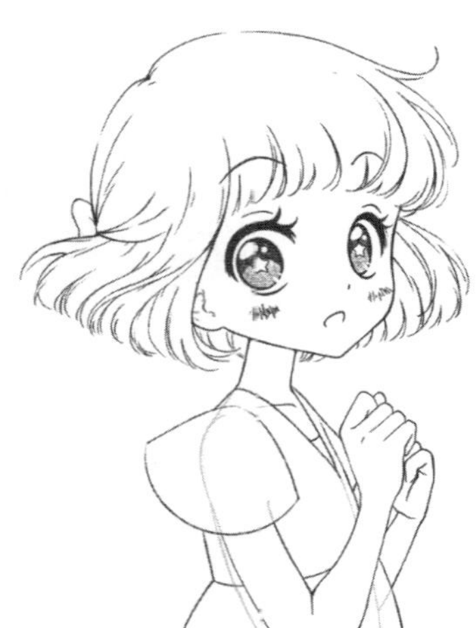

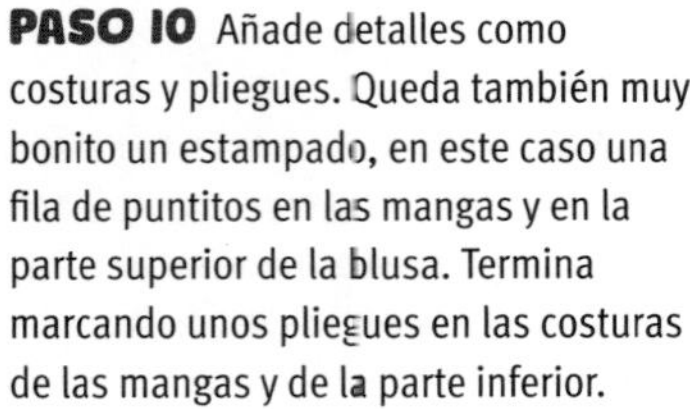

PASO 10 Añade detalles como costuras y pliegues. Queda también muy bonito un estampado, en este caso una fila de puntitos en las mangas y en la parte superior de la blusa. Termina marcando unos pliegues en las costuras de las mangas y de la parte inferior.

PASO 11 En este caso, la luz viene de la parte superior derecha, por lo que debes dibujar sombras en el lado izquierdo del personaje, debajo de la cabeza y el cabello. También puedes darles profundidad a los ojos con más sombras. Un contorno más grueso alrededor del personaje hará que destaque más sobre el fondo.

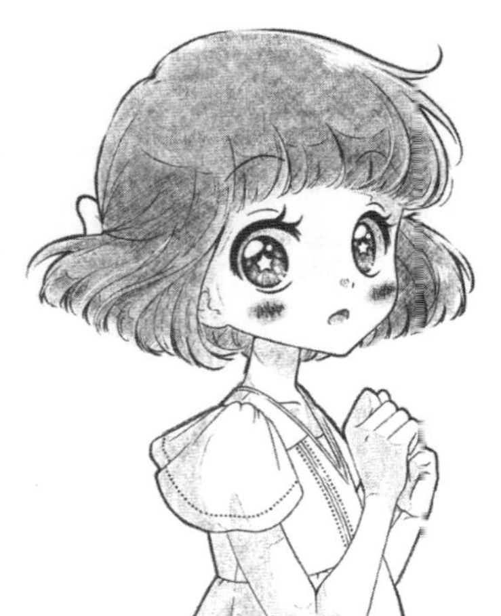

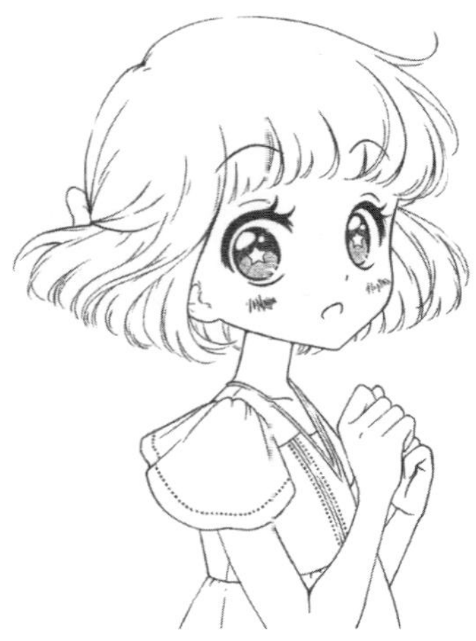

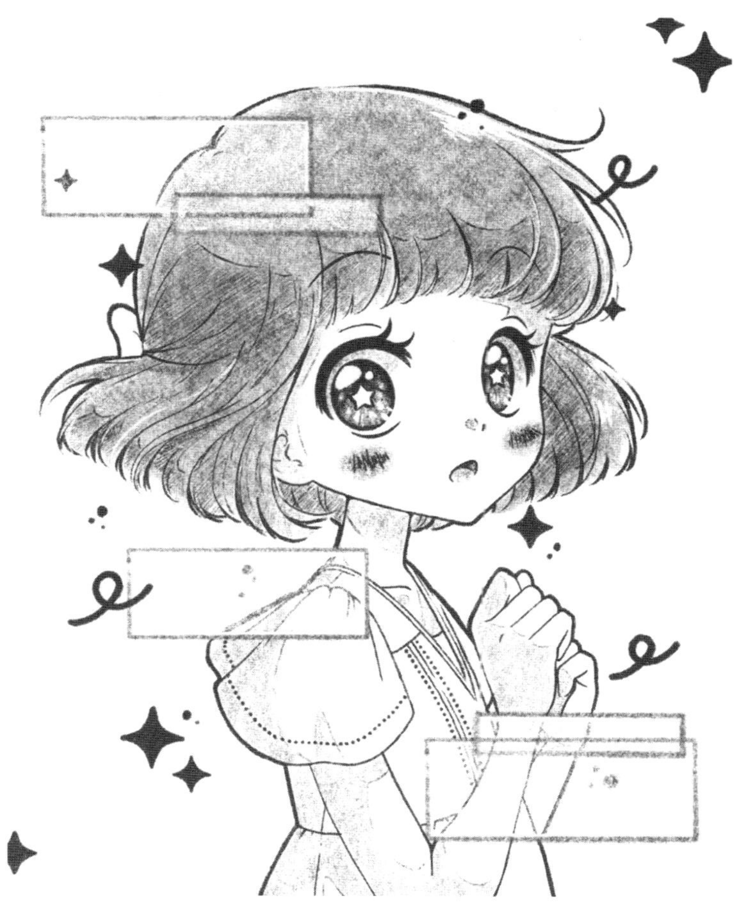

PASO 12 Un fondo fácil de dibujar consiste en rellenar con asteriscos, rulitos y puntos. También puedes dibujar cuadros sobre el personaje y hacer que detrás quede un poco más claro, recordando los paneles de un manga.

3

EJEMPLOS E INSPIRACIÓN

En este capítulo encontrarás una serie de ejemplos de dibujos e ideas relativas al tema del libro. Puedes usarlos como referencia, dibujarlos para practicar o modificarlos para tus propias creaciones. El manga se puede dibujar en muchos estilos diferentes, así que mira los dibujos y piensa cuál te gusta más y por qué. De esta manera, ya estarás dando el primer paso para encontrar tu propio estilo.

ESTUDIOS DE DIBUJOS

Para mejorar en el dibujo, los estudios son una opción excelente. Suena aburrido al principio, pero puede llegar a ser muy divertido. Puedes usar personas y objetos reales como modelo, o elegir tu manga o anime favorito y tomar sus personajes como referencia. Lo mejor es no dibujar cada línea exactamente, sino tratar de entender cómo están construidos los dibujos: por ejemplo, dibuja el personaje primero sin pelo ni ropa, o trata de entender cómo funcionan los pliegues de una camisa. Si publicas tus dibujos en internet, indica siempre el modelo que has utilizado: es una cuestión de buenas prácticas.

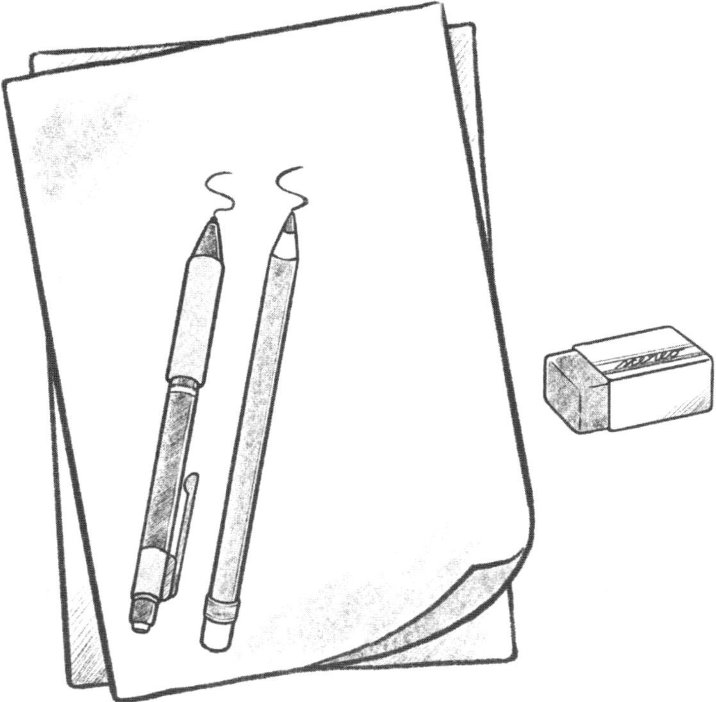

OJOS

Aquí encontrarás diferentes pares de ojos entre los que podrás elegir el que mejor se adapte a tu personaje. La forma y el tamaño de los ojos influyen enormemente en el efecto de tu personaje.

NEUTRAL

Estos ojos son adecuados para aquellos personajes que no deben destacar o en los que hay que prestar atención a otra de sus características. Dependiendo de si añades pestañas o haces los ojos más redondos o cuadrados, serán más adecuados para personajes femeninos o masculinos.

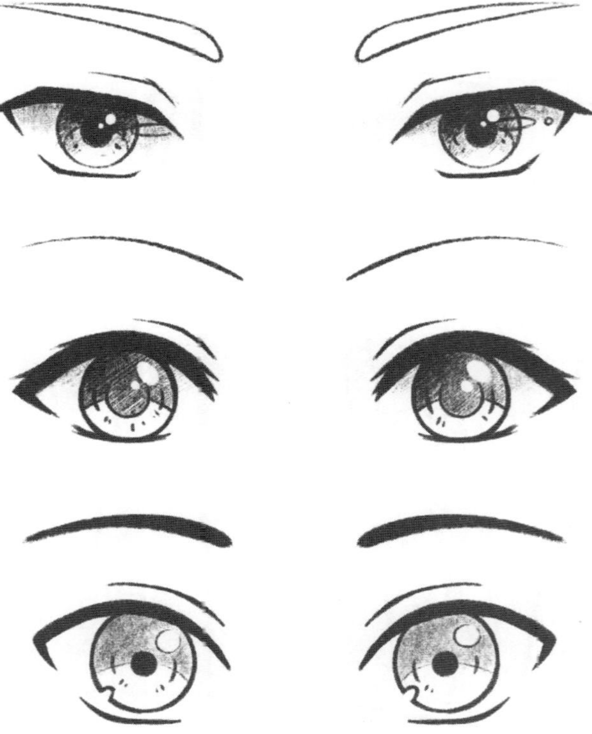

BONITO

Si quieres que tu personaje sea especialmente encantador, tienes que hacer unos ojos grandes y brillantes. El iris debe quedar visible, sin escatimar reflejos de luz. Para esos ojos la forma redonda u ovalada es la más adecuada.

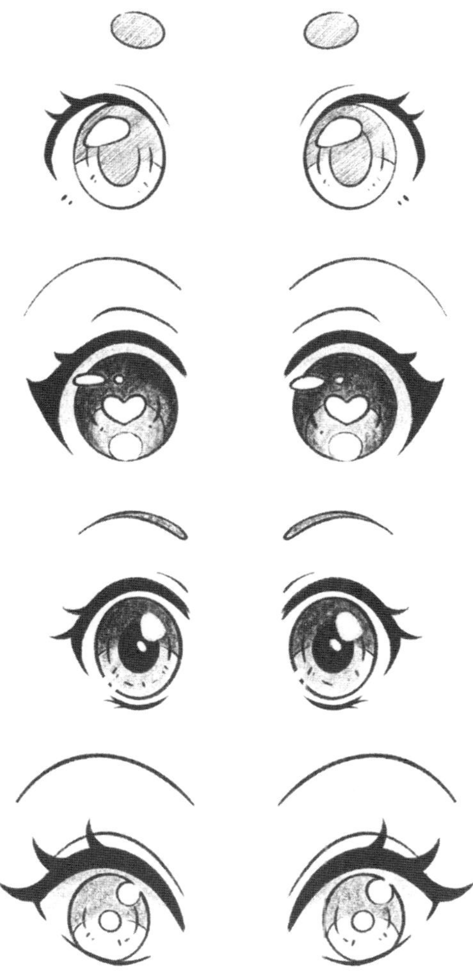

INOCENTE/DULCE

En esos personajes que no le tocarían ni un pelo a nadie, los ojos deben estar ligeramente inclinados hacia afuera, es decir, la esquina interna del ojo debe quedar más alta que la externa (también se pueden hacer ojos en línea recta). No hay que hacer líneas duras, sino trazos suaves y curvos.

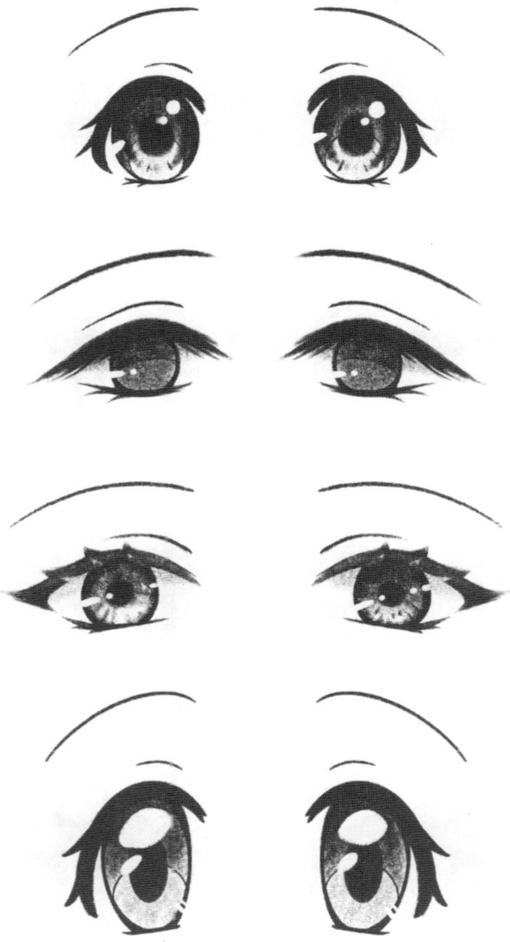

SEDUCTORA

Los ojos tienen un efecto más atractivo si están ligeramente inclinados hacia adentro, con la esquina interna del ojo más baja que la externa. El iris debe quedar un poco oculto. Las pestañas largas refuerzan la impresión seductora.

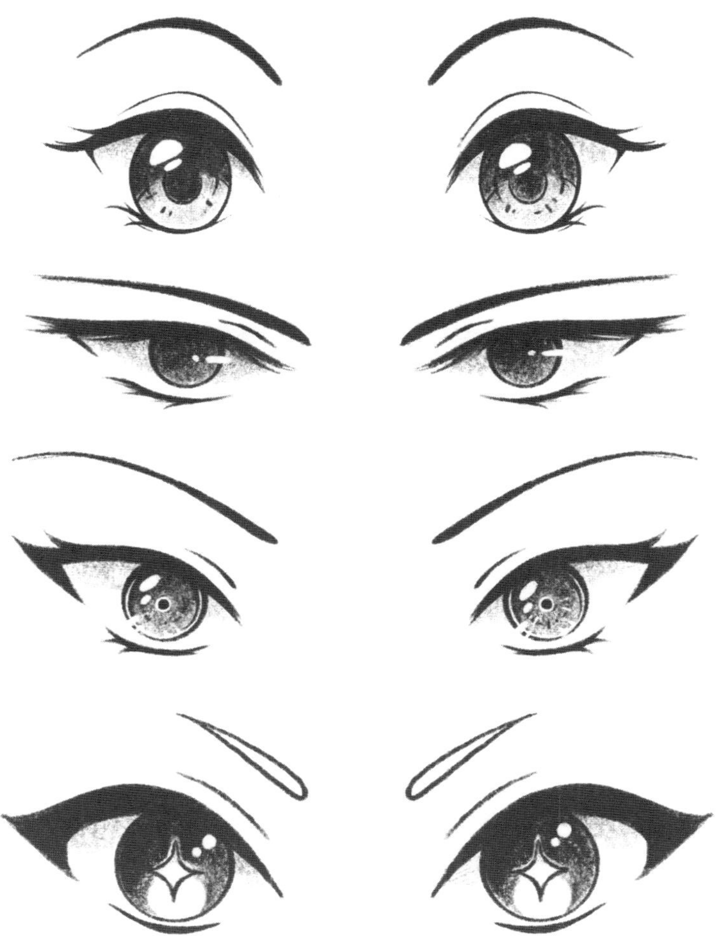

MISTERIOSA

Los ojos estrechos son los más adecuados para personajes misteriosos, populares o malotes. El iris debe estar ligeramente oculto y las cejas cerca de los ojos. Estos también pueden estar medio cerrados.

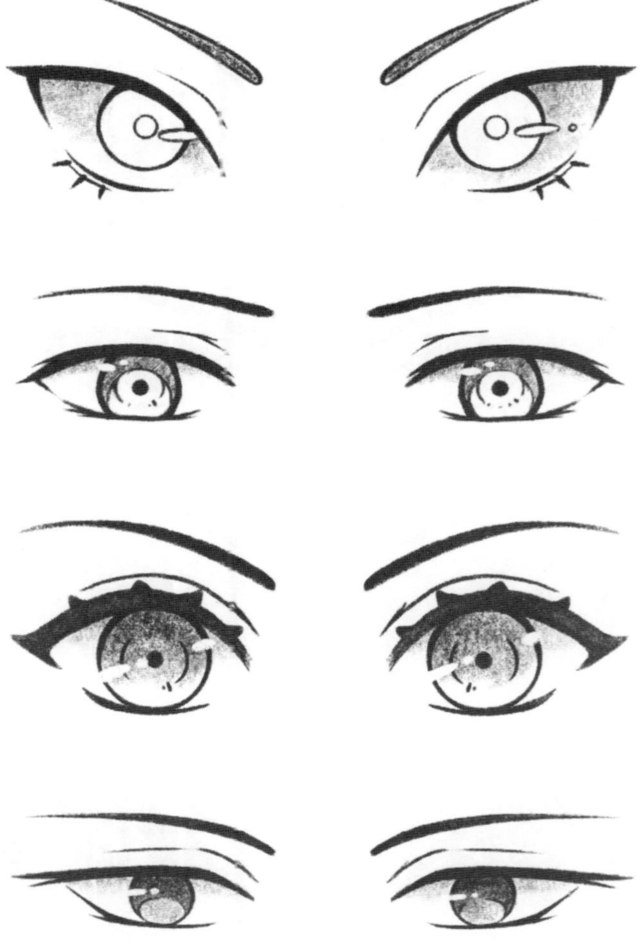

LOCO

Para dibujar un personaje loco o extravagante puedes dejar la pupila vacía, en blanco. La forma de los ojos puede ser un poco extraña, con los ojos medio cerrados o abiertos del todo.

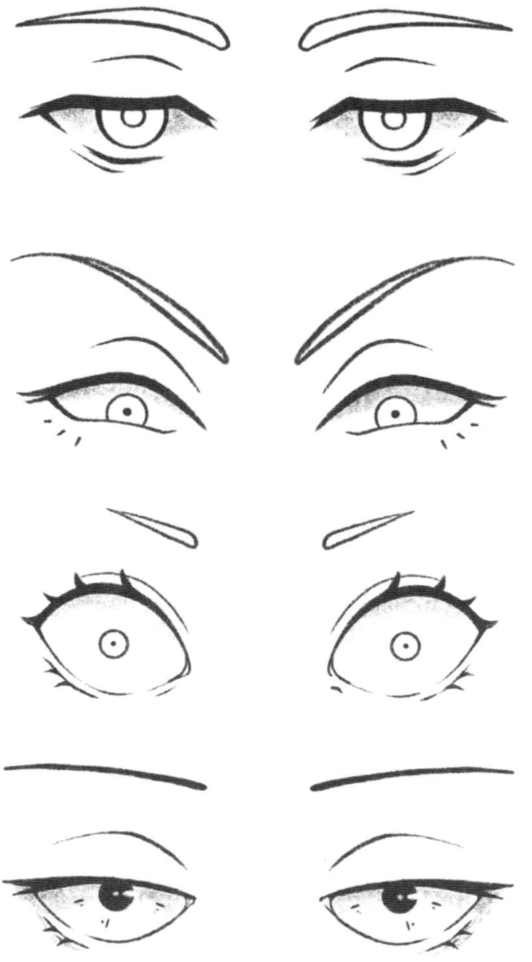

ÁNGULO DE LA CABEZA

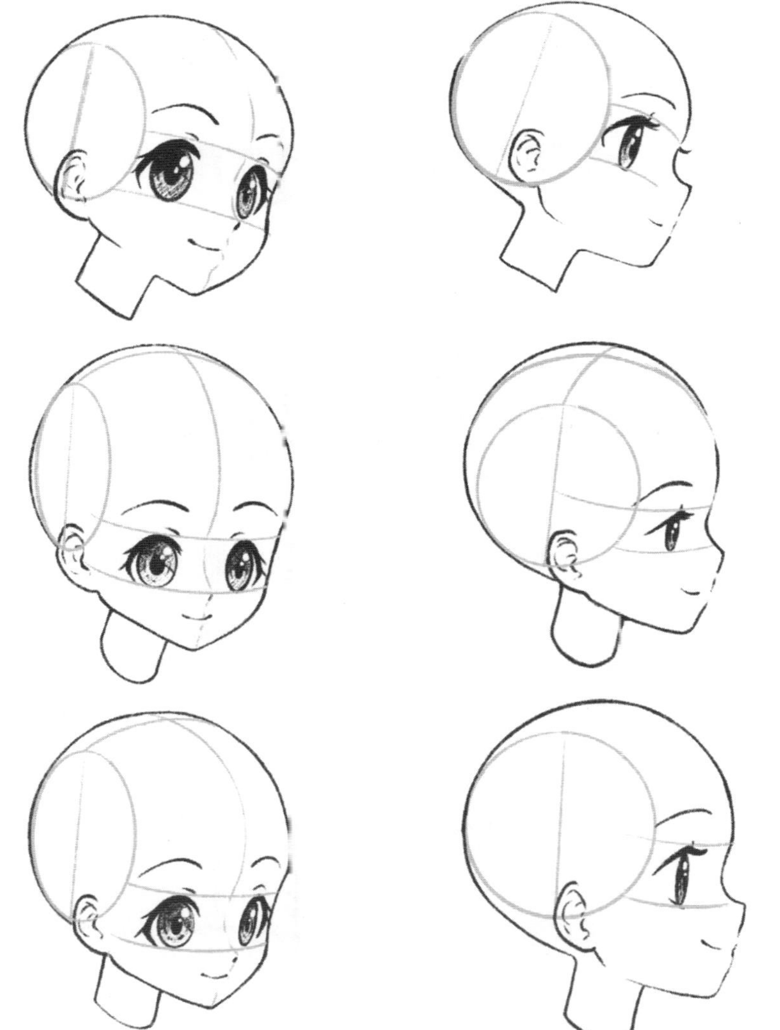

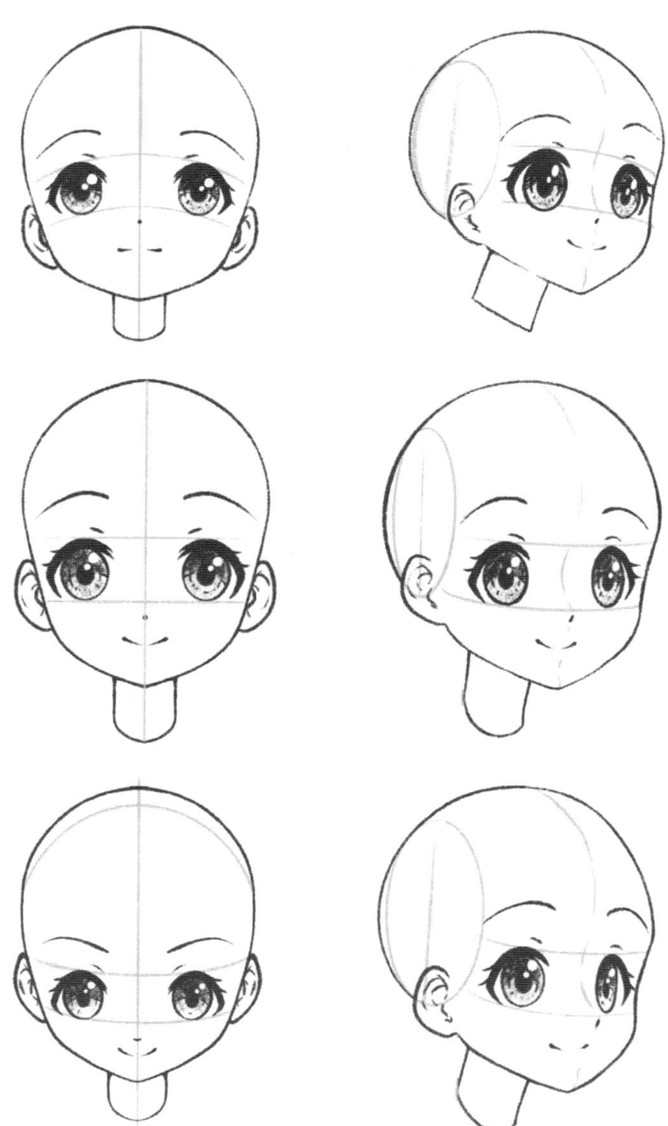

PERSONAJES

En las siguientes páginas vas a encontrar una serie de personajes para inspirarte. En las descripciones he procurado darte la primera impresión que se recibe de la persona, aunque ya sabemos que puede no coincidir con la realidad.

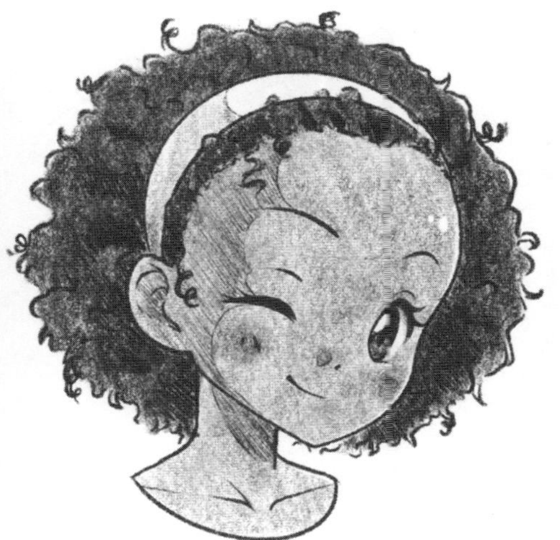

ESPABILADA

Con ojos abiertos y radiantes y una expresión facial positiva, le das a tu personaje aspecto curioso y enérgico. El cabello rizado resulta muy dinámico, lo que refuerza el efecto.

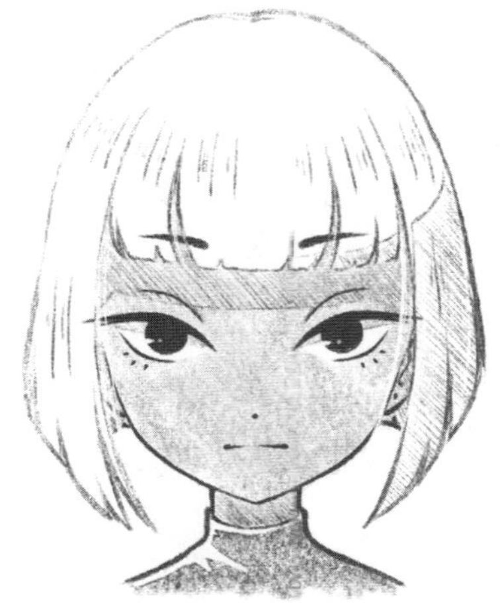

FRÍA

Si queremos que el personaje resulte frío o retorcido, son muy adecuados los ojos estrechos y una expresión facial neutra. El corte de pelo también suele dar pistas sobre la personalidad: el pelo muy liso y recto denota un carácter ordenado. El blanco, el azul u otro color brillante y frío pueden reforzar la imagen.

SERENA

Un personaje al que nada perturba y que no se toma nada en serio se puede representar pensando en cómo llevaría el pelo. Como la apariencia seria no es tan importante para ella, puede llevarlo más largo e informal. Los ojos semicerrados y una ligera sonrisa también resultan muy desenfadados.

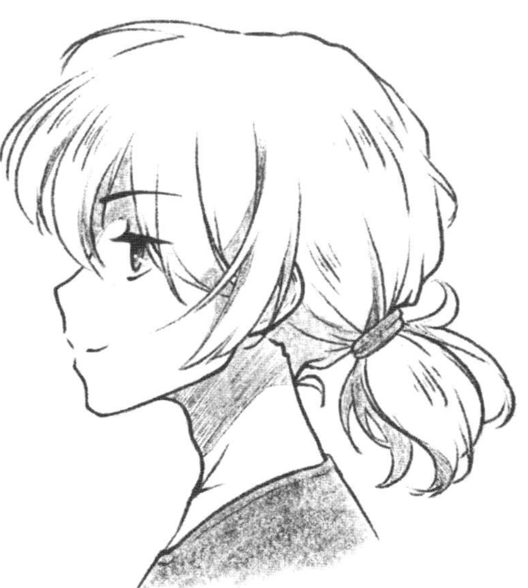

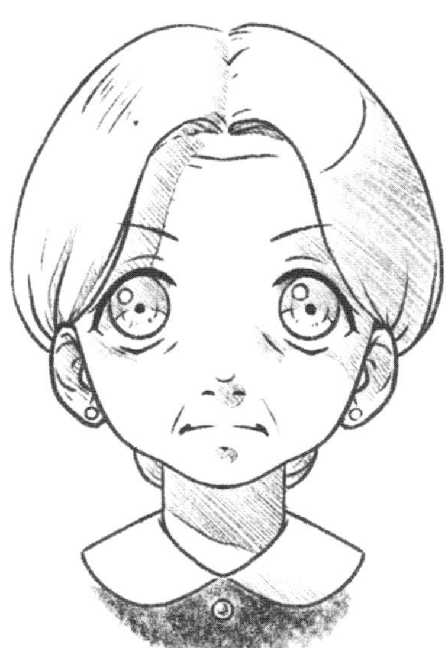

SERIA

Para un personaje serio, por supuesto, la expresión facial contenida es la más adecuada: las comisuras de la boca apuntan hacia abajo y las cejas están ligeramente en ángulo. Probablemente, el personaje se toma su apariencia muy en serio: esta señora mayor, por ejemplo, tiene el pelo bien recogido hacia atrás, lleva joyas y el cuello en su sitio.

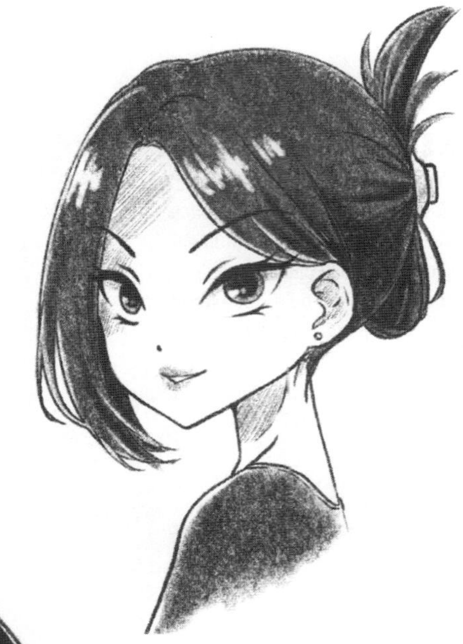

SEDUCTORA

Una persona a la que le gusta tener a todo el mundo pendiente suele prestar mucha atención a su apariencia: por lo tanto, el maquillaje y los accesorios son ideales para representar este tipo de personaje. Las pestañas largas y los ojos y las cejas inclinados hacia adentro también resultan muy útiles.

MISTERIOSA

Los ojos estrechos y oscuros, y el cabello negro son muy adecuados para un carácter intrincado. Además, es probable que el personaje oculte sus emociones para no revelar sus verdaderas intenciones.

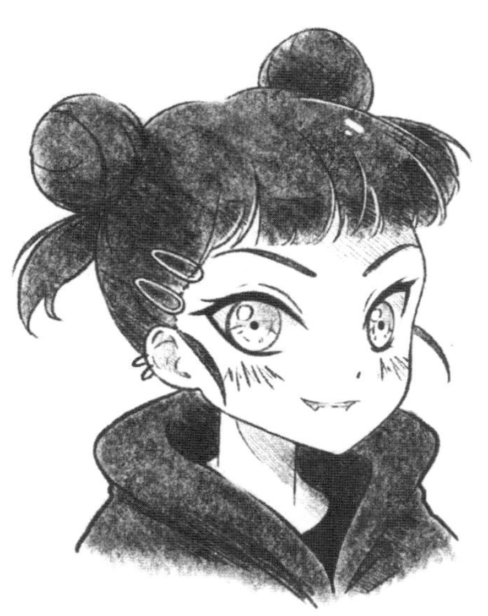

DESVERGONZADA

La persona descarada no piensa mucho en las convenciones y no duda en usar un estilo de ropa muy particular. Los ojos inclinados hacia adentro, una sonrisa descarada y el diente canino asomando, refuerzan aún más esta impresión.

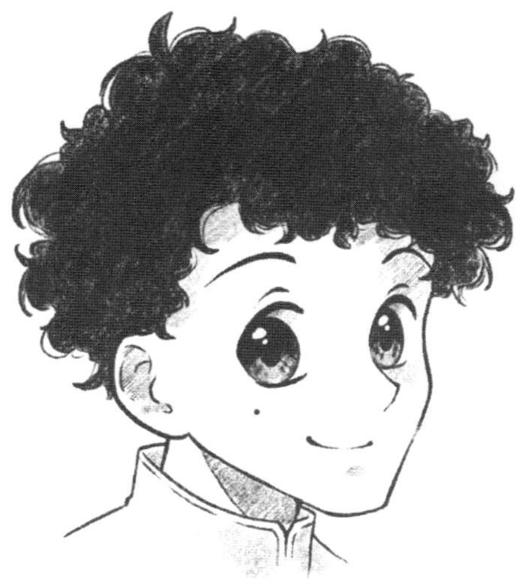

DESPREOCUPADO

Esa persona que no puede hacerle daño ni a una mosca y que siempre está de buen humor, tiene una sonrisa permanente en la cara. Los ojos grandes y las cejas levantadas refuerzan su expresión de despreocupación. Los pequeños detalles, como el lunar, pueden ayudar también a darle a tu personaje más personalidad.

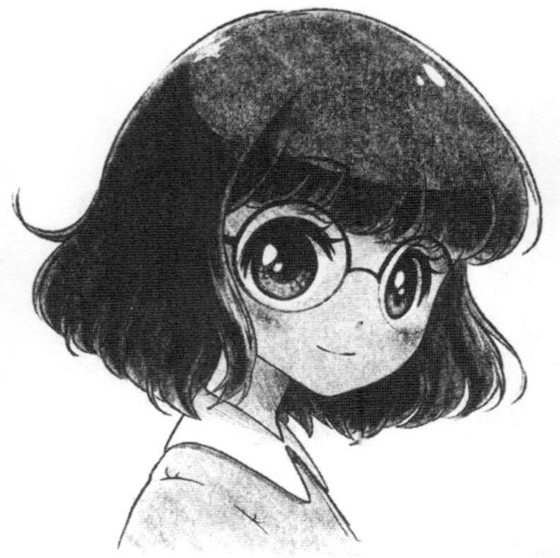

CALLADA

Una persona tranquila y dulce, que puede ser un poco tímida, probablemente no muestre mucho sus emociones, pero que por otro lado son muy honestas. La dulce sonrisa y un cabello suave refuerzan esta imagen.

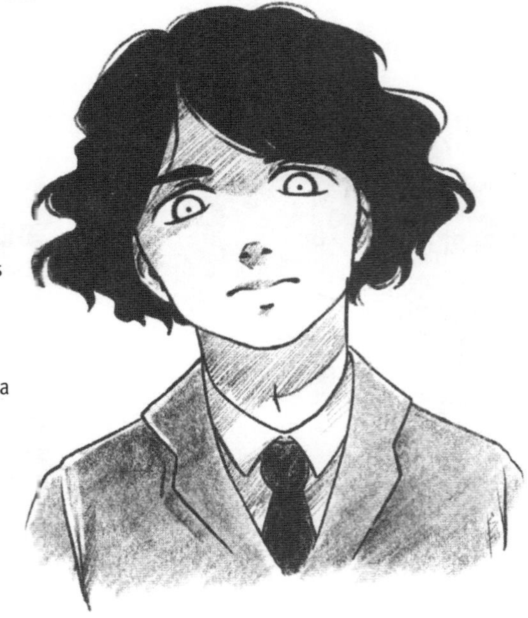

ARROGANTE

Una persona pagada de sí misma suele mirar a los demás por encima del hombro, y así podemos dibujarlo. Los ojos estrechos y la mirada fría encajan a la perfección con esta personalidad, al igual que la ropa y los accesorios caros.

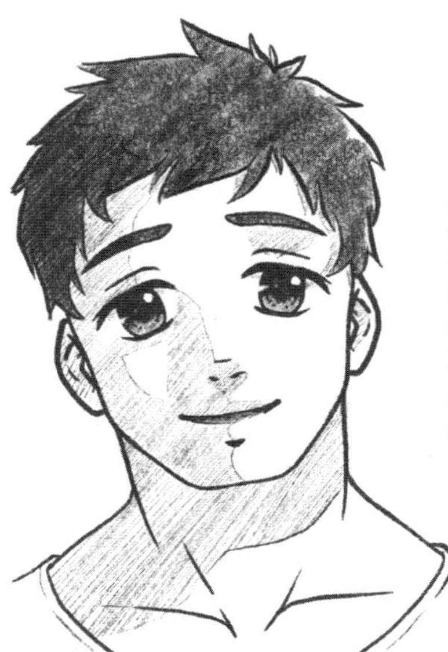

BUEN CORAZÓN

El carácter bueno y cálido se reconoce sobre todo en los ojos: deben parecer lo más abiertos y dulces posible. Seguramente ayudará si los inclinas hacia afuera. La sonrisa amable completa el aspecto general.

MALOTE

Ese al que le gusta causar problemas no suele dar importancia a las convenciones sociales, algo que se nota en su apariencia. La expresión de descaro, ligeramente agresiva, se adapta bien a este tipo de persona, y por su parte el cabello casi afeitado refuerza la imagen.

LENGUAJE CORPORAL

Para terminar, aquí encontrarás algunos ejemplos del aspecto del cuerpo al reflejar diferentes emociones. Estos dibujos son algo avanzados, pero pueden servirte de inspiración para saber a dónde te puede llevar tu viaje artístico

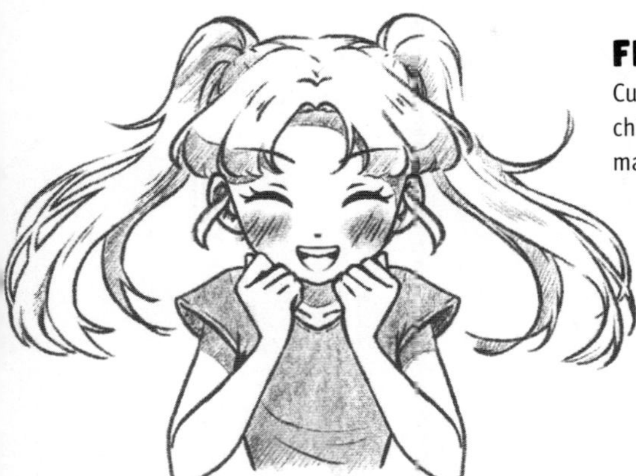

FELIZ

Cuando una persona está muy feliz, chilla o grita de alegría: se lleva las manos a la cara, cierra los ojos y eleva los hombros. El movimiento en el cabello, que vuela hacia afuera, refuerza la impresión.

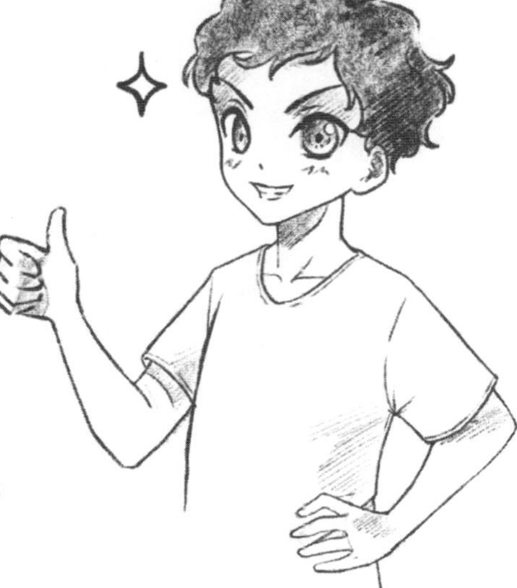

AUTOCONFIANZA

Una persona segura de sí misma se mantiene erguida y mirando hacia el espectador: no tiene nada que ocultar y su posición es firme. Una expresión facial decidida, con una amplia sonrisa y el pulgar hacia arriba completan la imagen.

SABELOTODO

Los brazos extendidos hacia los lados para ocupar más espacio y la cabeza levantada para poder mirar por encima a su interlocutor.

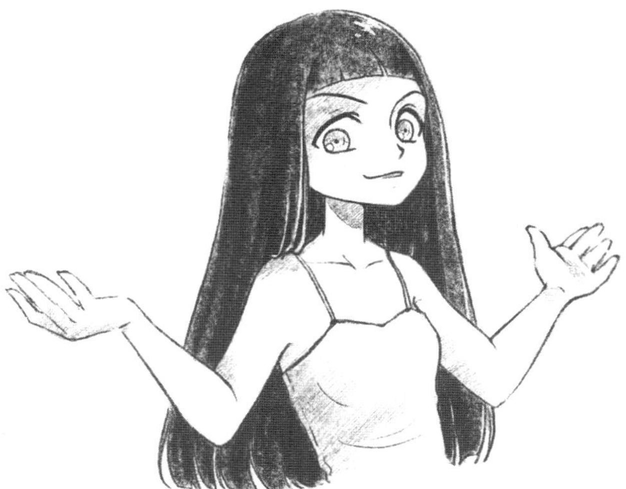

TÍMIDA

Un personaje que no quiere llamar la atención, la cabeza gacha y los brazos cruzados delante del cuerpo. Le asalta enseguida la vergüenza: puedes reflejarlo con el rubor en sus mejillas.

CONSEJO

Si quieres representar a una persona muy segura de sí misma o extrovertida, haz que su cuerpo ocupe mucho espacio: por ejemplo, con los brazos extendidos, la pose abierta o una melena voluminosa. Las personas tímidas y reservadas ocuparán el menor espacio posible: por ejemplo, con los brazos cerca del cuerpo o la cabeza gacha.

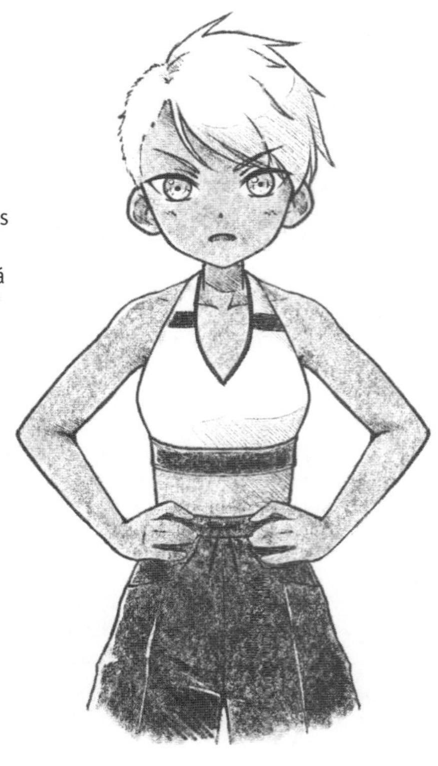

ENFADADA

Los brazos en los lados son señal inequívoca de que la persona está molesta por algo.

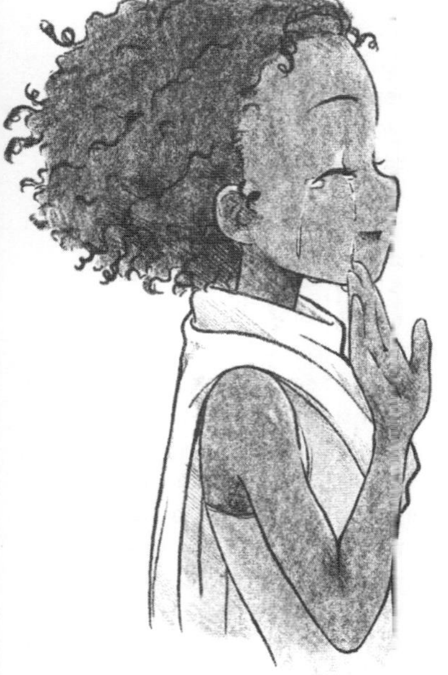

SENTIMIENTOS ENCONTRADOS

También puede suceder que los sentimientos se superpongan: esta persona, por ejemplo, podría sentirse al mismo tiempo feliz y aliviada por volver a ver a alguien, tanto que se le llenan los ojos de lágrimas, a la vez que una sonrisa aparece en su cara.

UNAS PALABRAS PARA TERMINAR

Gracias por leer este libro de dibujar manga. Espero que hayas aprendido mucho sobre este tema y que tengas ganas de diseñar tus propios personajes para representar un gran abanico de emociones.

Si quieres echar un vistazo y ver cómo surgió este libro, no dudes en visitarme en Youtube (Chiana) o Instagram (@chiana.art). Allí comparto mi vida como dibujante y también doy consejos e ideas sobre temas de arte y creatividad.

Mientras hacía los dibujos para este libro, tuve que viajar mucho, por ejemplo, en tren y asistir a conferencias. Tengo la costumbre de imitar automáticamente la expresión facial del personaje cuando estoy dibujando emociones. Así que, si me has visto en algún evento mirando mi iPad con rabia... ya sabes la razón.

¡Espero que te diviertas mucho dibujando!

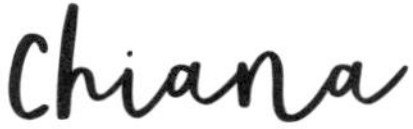

OTROS TÍTULOS PUBLICADOS

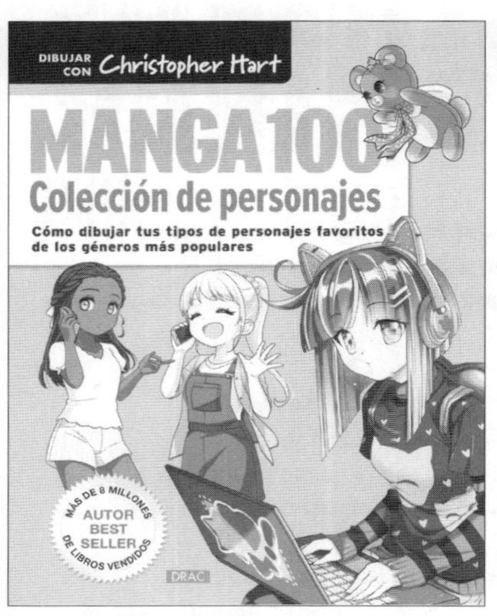

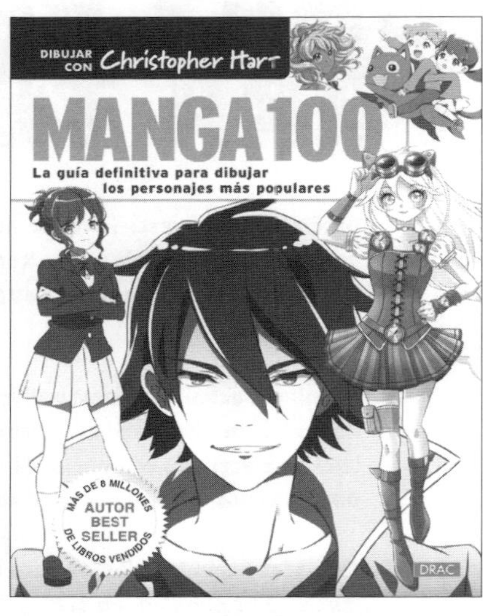

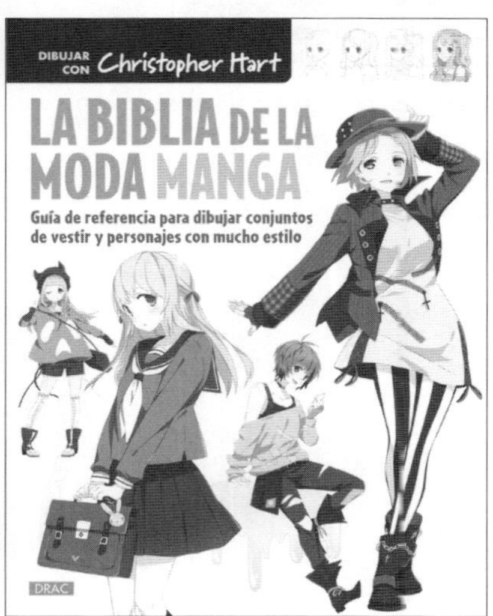

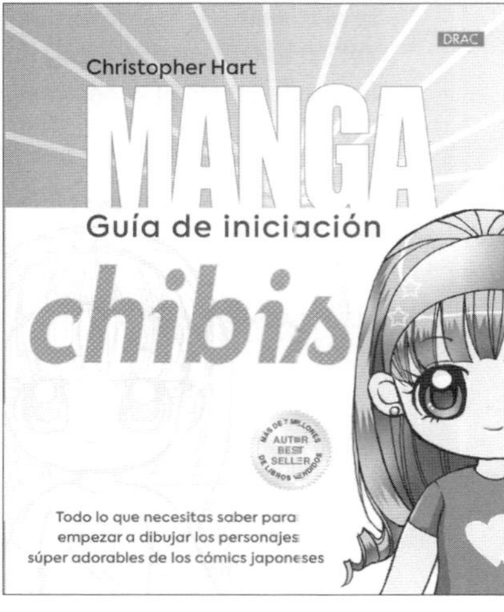

Más información en **www.editorialeldrac.com**

OTROS TÍTULOS PUBLICADOS

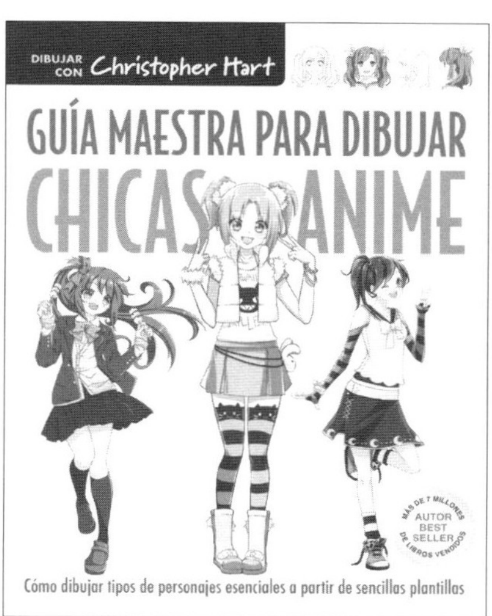

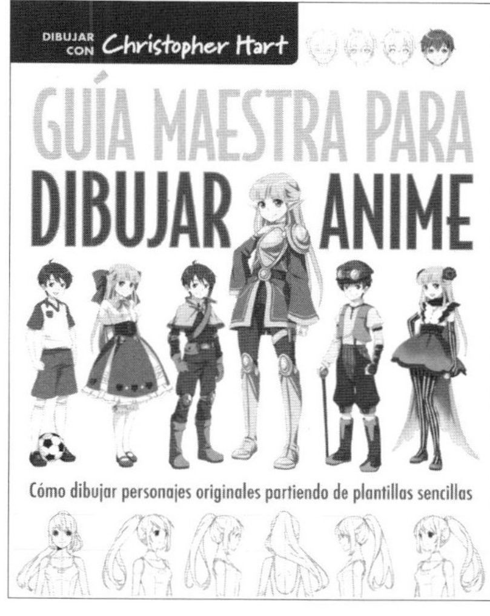

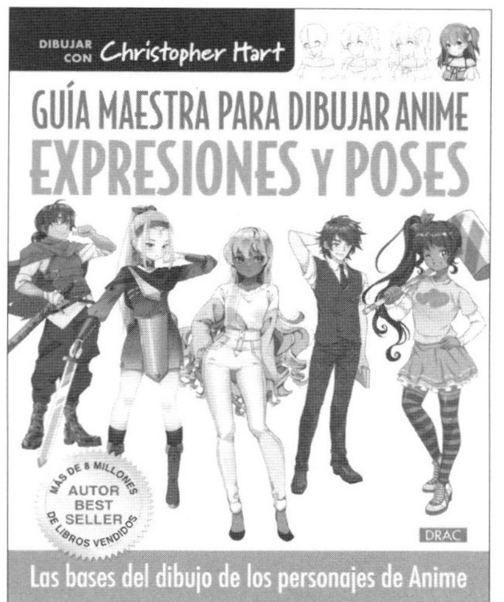

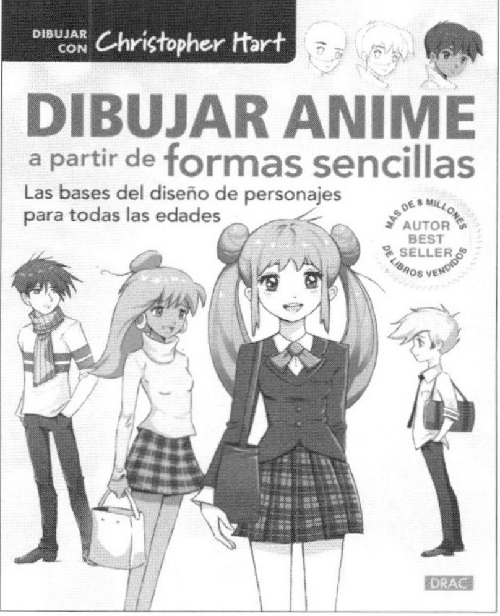

Más información en **www.editorialeldrac.com**

¡ATENCIÓN!

Este libro está estructurado como un manga japonés clásico y se lee de derecha a izquierda, por lo que esta es la última página. ¡El libro empieza «por detrás»!

Editor: David Domingo
Coordinación editorial: Lorenzo Sáenz
Traducción: Anna Coll

Publicado por primera vez en Alemania en 2024 por frechverlag GmbH, Gerlingen, un sello del grupo editorial Penguin Random House GmbH, Munich, con el título: *Pocketbooks Manga Zeichnen. Gesichter, Emotionen & Funkelnde Augen,* de Chiana

c/ Impresores, 20
P. E. Prado del Espino
28660 Boadilla del Monte, Madrid
Tel: 91 559 98 32
E-mail: info@editorialeldrac.com
www.editorialeldrac.com

ISBN: 978-84-9874-794-2
Depósito legal: M-9.683-2025
Impreso en Artes Gráficas COFÁS
Impreso en España – *Printed in Spain*